CAMPAGNE DU MEXIQUE

(1862-1867)

—

JOURNAL D'UN OFFICIER

DE CHASSEURS A PIED

—

Publié par Georges BERTIN

PARIS

IMPRIMERIE PAIRAULT & Cie,

3, PASSAGE NOLLET, 3

—

1894

Journal d'un Officier

DE CHASSEURS A PIED

Le Capitaine Bochet
D'après une photographie faite au cours de la campagne.

CAMPAGNE DU MEXIQUE

(1862-1867)

OURNAL D'UN OFFICIER

DE CHASSEURS A PIED

Publié par Georges BERTIN

PARIS

IMPRIMERIE PAIRAULT & Cie,

3, PASSAGE NOLLET, 3

—

1894

NOTICE BIOGRAPHIQUE

SUR LE

COMMANDANT BOCHET

Bochet (Jules-Alfred-Joachim), entra à l'Ecole militaire de Saint-Cyr à dix-sept ans (novembre 1848)[1], pour en sortir sous-lieutenant au 1er bataillon de chasseurs à pied, le 1er octobre 1850. Il passa lieutenant au 2e bataillon quatre ans après (23 février 1854) et fut nommé capitaine instructeur de tir au 9e de l'arme, le 27 mars 1858.

Ce jeune officier, plein d'ardeur, se lassa vite de la vie de garnison. Comme tous ses jeunes camarades de l'Ecole, à la déclaration de la guerre de Crimée, il eut le désir de recevoir le baptême du feu et, plus heureux que la plupart d'entre eux, il

---

1. Il était né à Saint-Denis (Seine), le 14 mars 1831, et était l'avant-dernier des onze enfants de M. Bochet, conservateur des hypothèques à Paris. Il fit ses études au lycée Saint-Louis.

obtint de permuter au mois de septembre 1855. Nous le retrouvons donc au 3ᵉ bataillon avec lequel il assiste à la bataille de la Tchernaïa.

Toujours désireux de faire campagne, Bochet obtint encore de passer du 9ᵉ au 7ᵉ bataillon de chasseurs lors de l'envoi des premiers renforts au général de Lorencez, après l'attaque infructueuse de Puebla. Il fit avec ce corps la campagne entière et ne rentra en France qu'au moment du rapatriement général des troupes.

Cette campagne, toute de fatigues et de déboires, lui valut toutefois la croix de chevalier de la Légion d'honneur[1], qu'il reçut par décret du 5 mai 1865, avec la mention honorable suivante : « Dix-sept ans de service effectif, sept campagnes. A dirigé l'affaire du Bajio, le 24 mars 1865, avec beaucoup d'intelligence et de décision; s'est fait remarquer dans une sortie de quinze jours autour de Mazatlan. »

Un an après son retour, n'ayant encore que onze ans de grade de capitaine, il passa chef de bataillon au 59ᵉ régiment de ligne (promotion du 24 décembre 1869), mais ce ne fut pas sans un poignant serrement de cœur qu'il quitta ses braves chasseurs au milieu desquels il avait fait ses débuts militaires et gagné ses premiers grades.

En 1870, à la déclaration de guerre à la Prusse,

---

1. Il fut fait aussi chevalier de l'Ordre de la Guadeloupe, par l'Empereur Maximilien, le 16 septembre 1866.

le 59e fit partie de l'armée de Metz (3e corps, De-
caen ; 3e division, Metman ; 2e brigade, Arnaudeau),
et prit part aux trois sanglantes batailles de Borny,
de Rezonville et de Saint-Privat (14, 16 et 18 août).
C'est à cette dernière journée que le commandant
Bochet trouva une mort glorieuse à la tête de son
bataillon.

La correspondance que nous donnons, toute relative à l'expédition du Mexique, nous a été gra-
cieusement communiquée par la famille à laquelle
nous exprimons nos sincères remerciements. Elle y
avait joint quelques lettres relatives à 1870. Nous
n'avons pas voulu les supprimer.

La première, écrite par M. de Champs, capitaine
adjudant-major au régiment, pour annoncer la mort
de son supérieur.

La seconde, naïve et touchante, émane de l'ordonnance même du commandant. Elle dénote chez
son auteur des sentiments élevés et une affection
très sincère pour le chef; car il écrit : *« Pour moi
il était un père, comme conseiller. J'étais plutôt son
ami que son serviteur. »* N'est-ce pas aussi un té-
moignage bien honorable que d'être ainsi jugé par
un inférieur : *« Là, comme ailleurs, il était toujours
calme et se riait du danger. »*

Les trois autres, — les dernières que devait écrire
le commandant Bochet, — montreront que cet
officier estimé ne se faisait aucune illusion sur le
sort futur de l'armée. En effet, il écrivait à l'un de
ses frères, dès le 7 août : *« Si, par suite de l'ineptie*

*de nos chefs, nous devons être battus, j'aime mieux
me faire tuer à la tête de mes soldats que de revenir
honteusement à Paris. »*

Camp de Putelange, 7 août 1870.

Cher A.....

Je vais bien, mais je suis éreinté ; nous venons
de marcher pendant vingt-cinq heures environ.
Je suis forcé d'interrompre.......

9 août.

Nous avons encore marché pendant toute la
journée d'hier. Nous avons campé à Faulquemont
et nous partons encore, dans une heure, pour Re-
milly, dit-on. C'est, hélas ! en retraite que nous
battons, et cependant ma brigade n'a pas encore
tiré un coup de fusil. Nous ne savons rien, absolument rien, et les bruits les plus contradictoires
circulent. Les lettres n'arrivent pas. Les miennes
vous parviennent-elles ?

Après notre succès insignifiant de Sarrebruck,
nous avons été obligés de nous retirer sur Forbach,
où l'on s'est battu toute la journée du 6 août. Nous
entendions le canon et nous restions en position !
Ce n'est que le soir que nous nous sommes mis en

route. Nous avons traversé Forbach vers trois heures du matin.

Le 2ᵉ corps y avait été éreinté dans la journée et ses débris battaient en retraite sur Sarregue-mines. Dès lors, notre position devenait critique, et après peut-être un quart d'heure de repos, nous sommes repartis pour Putelange. Notre marche a été des plus fatigantes, et il est heureux que les Prussiens ne nous aient pas attaqués à ce moment-là. Nos hommes n'avaient rien, absolument rien mangé et ils avaient marché depuis sept heures du soir jusqu'à onze heures le lendemain, après être restés en position, avant la marche, de neuf heures et demie à sept heures du soir.

Notre commandement est pitoyable. Jamais nous ne voyons nos généraux ni notre état-major s'oc-cuper des soins les plus élémentaires que le règle-ment leur impose. Notre colonel, ce beau brail-lard, est démoralisé et tient devant nous des discours inconvenants.

Seuls, nos soldats sont admirables.

Ils ont confiance en leurs officiers et sont fu-rieux de tourner le dos aux Prussiens. Nous allons nous battre bientôt, j'espère, et je suis sûr de mon bataillon. Si, par suite de l'ineptie de nos chefs, nous devons être battus, j'aime mieux me faire tuer à la tête de mes soldats que de revenir hon-teusement à Paris. A moins qu'un bel élan de la nation ne nous secoue et que nous revenions aux beaux jours de 92. Nous sommes tous comme moi, au régiment, nous ne savons rien de ce qui se passe. Peut-être cela va-t-il mieux sur le Rhin !

Adieu. Mille baisers pour tous.

Très pressé. Excuse-moi.

Ton frère,
ALFRED.

Camp de Colombey, 12 août 1870.

Je n'ai pas répondu plus tôt à tes deux lettres, mon cher L..... Je suis en retard avec beaucoup de monde encore, mais je n'ai presque pas le temps d'écrire. Nous supportons des fatigues et des privations incroyables, dans notre pays, et après les affirmations réitérées que tout était prêt.

Tu as dû voir mon opinion sur les généraux et états-majors, dans ma lettre d'avant-hier, à A....., l'intendance ne vaut certainement pas mieux. Mais ce n'est pas le moment de récriminer, il faut d'abord triompher. Pour cela, il ne faut pas décourager ses troupes.

J'ai donné hier à mon colonel une rude leçon, devant toute la tête de colonne, et j'ai été universellement approuvé, lieutenant-colonel en tête.

Je ne connais que très imparfaitement les événements, mais ils me paraissent navrants. J'espère que l'élan national ne nous fera pas défaut.

Nous allons évidemment nous battre un de ces jours. En ce moment même le canon tonne.

J'ai serré, avant-hier, la main d'Albert Braun. Il allait bien, mais, comme moi, était désolé..

Adieu, cher L...., je suis forcé d'interrompre.

Ton frère,

ALFRED.

(*Au crayon.*) Il y a un désordre énorme dans les postes. La moitié des lettres n'arrive pas.

Metz, 15 août 1870.

Mon cher A.....,

J'ai pris part au combat de Colombey. Je me porte bien. Je n'ai pas été touché. Mon cheval seul a eu le cou traversé par une balle, sous moi. Mon régiment a subi assez de pertes, surtout en officiers. Nous avons reçu le feu sans pouvoir le rendre, car nous n'avons été en première ligne qu'à la fin de la journée et quand il faisait trop peu clair pour tirer avec fruit.

Nous avons été attaqués au moment où nous quittions nos positions pour nous replier sur Metz.

Nous avons fait face à l'ennemi et nous avons reculé de 500 mètres en quatre heures, et encore parce que c'était notre plan. Je crois que, à notre gauche, les Prussiens ont été fort malmenés; du reste, tu liras tout cela dans les journaux.

Nous avons, vers dix heures du soir, continué notre mouvement.

La marche était fort pénible à cause de l'encombrement. Nous avons traversé Metz ce matin, à six heures, et nous voilà campés à quelques kilomètres.

Nous sommes arrivés au camp à sept heures, exténués de fatigue. On dit que nous allons repartir. Nous n'avons pas nos bagages et j'ai perdu, cette nuit, en galopant, les sacoches qui contiennent mes affaires de toilette et de rechange les plus utiles. Je ne puis écrire longuement, mais je ne veux pas vous laisser une minute d'inquiétude. Charge-toi de prévenir tout le monde. J'ai bien pensé à vous hier, et je vous aime bien. Dis à ma sœur, surtout, que je pense que c'est aujourd'hui sa fête et qu'hier, pendant que les balles sifflaient, je la lui souhaitais et que c'est là ce qui me protegeait.

Que devenez-vous? Je ne reçois de lettre de personne. Recevez-vous les miennes? C'est bien dur d'être ainsi séparés les uns des autres. Je vous plains des angoisses dans lesquelles vous allez être. Que devient la France? C'est bien triste!

J'ai vu Albert Braun, capitaine adjudant-major

au 18ᵉ bataillon de chasseurs, ce matin ; il va bien et n'a pas été engagé hier.

Que te dire de plus ? Mille baisers, chers frères et chères sœurs. Courage.

ALFRED.

J'apprends à l'instant les pertes de mon régiment :

Officiers : 3 tués, 16 blessés.

Troupe : 25 tués, 162 blessés, 30 disparus.

Parmi les officiers à cheval, il n'y a que le lieutenant-colonel et l'adjudant-major qui soient complètement intacts, puisque moi j'ai été blessé dans la personne de mon cheval.

Nos petits conscrits ont été très calmes sous le feu ; mais c'est, hélas ! le commandement qui manque.

Bivouac du Mont-Saint-Quentin, près Metz,
19 août 1870.

Monsieur,

J'ai la douleur de vous annoncer que, dans l'affaire d'hier, votre excellent frère, mon chef de bataillon, a été tué raide par un éclat d'obus qui lui a traversé la poitrine. Sa mort a été tellement instantanée que je n'ai vu qu'il avait cessé de vivre que lorsque, frappé moi-même à l'épaule par le même projectile, je me suis retourné pour le lui dire; j'étais à moins d'un mètre de lui. Rien n'avait changé dans sa physionomie : il avait toujours le même air calme, noble et décidé.

D'avance, il m'avait donné votre adresse, Monsieur, pour que je puisse vous écrire en cas d'accident. C'est le cœur bien serré que j'accomplis ce pénible devoir, non seulement parce que j'étais sincèrement attaché à mon commandant, pour qui j'avais conçu une profonde estime qui s'était augmentée encore dans les circonstances difficiles que nous avons traversées ensemble ces temps derniers, mais aussi. parce que je sais quelle douleur cet affreux événement va répandre dans votre famille, déjà si éprouvée récemment.

Je m'associe de toute mon âme à votre deuil, Monsieur, et je ne suis pas le seul au 59ᵉ. Tous nous avons perdu dans le commandant Bochet un chef bienveillant, un camarade au cœur noble et solide; le régiment a perdu l'un de ses plus vaillants soldats et notre deuil est profond comme sera le vôtre.

J'ai entre les mains les armes, la croix et tout ce que votre frère avait sur lui au moment où il a été frappé! Je viens de trouver ici tous ses bagages; je vais déposer cela à Metz, en mains sûres, pour que ces précieuses dépouilles vous soient remises; je vous écrirai pour vous faire connaître les dispositions que j'aurai prises.

Le corps de votre frère a été relevé immédiatement et transporté à l'ambulance, accompagné
par l'adjudant du bataillon et l'ordonnance du
commandant. Je m'y rendrai aussitôt que possible.

Agréez, Monsieur, pour vous et tous les vôtres,
l'expression des sentiments de profonde douleur
avec lesquels je vous écris.

A. DE CHAMPS,
Capitaine Adjudant-Major au 59me.

Minden, le 13 janvier 1871.

Mon cher Monsieur,

Pardonnez-moi si je prends la liberté de vous
écrire. Je prie Dieu que ce message vous arrive
afin qu'il ne vous laisse aucun doute sur le sort de
M. Bochet, mon commandant, duquel j'étais l'ordonnance. J'aurais sans doute dû vous écrire plus
tôt car j'étais son confident, mais vous avez dû
apprendre par la voix des journaux que nous avons
été bloqués sous Metz pendant soixante-dix jours et
là aucun moyen de correspondance, si ce n'est par
ballon, encore ces ballons n'arrivaient-ils jamais
à leur destination.

Depuis le 28 octobre, jour où Metz a capitulé, je

n'ai jamais pu vous écrire parce que, à son tour, Paris a été bloqué. Aujourd'hui j'apprends, par une missive venant de France, que ce blocus a cessé, c'est pourquoi je m'empresse de vous écrire. Il m'est pénible d'être un messager de deuil, car cette lettre, si elle vous parvient, va vous faire pleurer.

J'étais l'ordonnance de M. Bochet depuis long-temps. Pour moi il était un père comme conseiller. J'étais plutôt son ami que son serviteur. Jamais la mauvaise humeur ne se faisait ressentir en lui. Je l'ai suivi partout sur les champs de bataille ; là, comme ailleurs, il était toujours calme et se riait du danger. Le 14, je l'ai vu en tête de son bataillon faisant ses commandements comme sur un champ de manœuvre. Ce jour-là, il en sortit sain et sauf, quoique ayant eu un cheval blessé, ayant resté tout le jour dans une atmosphère de feu, de plomb et de fer. Le 18 arriva. Les masses prussiennes arrivaient. Le canon grondait depuis longtemps déjà. Le bataillon de M. Bochet se tenait abrité dans une tranchée, tandis que lui, debout sur la tranchée, semblait se jouer des balles et des obus qui pleuvaient autour de lui. Il ne cherchait pas à les éviter. On aurait dit qu'ils ne pouvaient l'atteindre. Mais, hélas! vous savez que la destinée est tracée d'avance et que, soit-on courageux ou non, la destinée s'accomplit toujours.

M. Bochet était là depuis longtemps déjà, encourageant les soldats du geste et de la parole, lorsqu'un obus lui troua la poitrine à l'endroit du cœur.

Croyez, Monsieur, à la peine que j'éprouvais lorsque je le vis tomber : j'aurais voulu qu'il puisse me dire un mot, mais rien. Il était mort sur le coup. Aussitôt que le docteur eut constaté que sa mort était arrivée, il fut transporté par quatre hommes de son bataillon dans un petit village, à côté de Metz, du nom de Chatel-Saint-Germain. Les médailles et décorations de mon commandant étaient brisées du coup. Je ramassai ces pieuses reliques, ainsi que sa montre, qui est brisée aussi, bijoux et argent. Le tout fut ramassé précieusement quoique brisé, croyant un jour qu'il vous serait doux de les voir comme souvenir d'un frère et d'un brave soldat. Un inventaire de tous ses effets fut fait par son adjudant-major, M. de Champs, qui eut le même sort le 31 ; il fut atteint à la tête qui la lui partagea en deux. Ses effets bien renfermés dans une malle, furent ensuite transportés à Metz, dans un dépôt à cet usage, en attendant de pouvoir vous les faire parvenir. Malheureusement je ne pus le faire à la capitulation de Metz, mais, j'eus le plaisir de les revoir quelques heures avant le départ. Le tout était au complet. Depuis, je ne sais si vous les avez reçus. J'étais encore resté à soigner ses chevaux, lorsqu'ils furent vendus pour la boucherie, un mois après son décès, avec ceux du commandant qui remplaça M. Bochet et qui eut le même sort le 31.

J'aurais voulu, Monsieur, pouvoir vous écrire plus tôt et ne pas vous apprendre cette mauvaise nouvelle, mais cela m'était impossible. Je vous serai d'une reconnaissance sans bornes si, à votre tour, vous vouliez me faire l'amitié d'une réponse, et me dire si ma malle est toujours chez vous et si on m'a apporté une paire de bottes et un livret de caisse d'épargne et si ce livret est en votre possession, et que vous vouliez bien avoir la bonne complaisance, si peut se faire, d'aller à la caisse d'épargne et de retirer la somme de cinquante francs et me les envoyer ensuite. Vous obligerez un pauvre prisonnier, car j'en ai réellement grand besoin. Vous voudrez bien me les envoyer dans une lettre chargée ou bien en envoyer le montant à l'Agence internationale à Bâle, en Suisse, en priant le directeur de me l'envoyer en or dans une lettre chargée. Je vous serai obligé si vous me rendez ce petit service.

Quoique le nouvel an soit commencé, je me permets de vous faire mes plus sincères souhaits. Je finis ma lettre en vous priant d'agréer mes sincères regrets et suis pour la vie, votre très humble et dévoué serviteur,

Palomé-Pierre BOURDA.

Soldat au 59ᵉ de ligne, prisonnier de guerre
à la 10ᵉ compagnie, 10ᵉ escouade, à Minden,
province de Westphalie (Prusse).

ÉTATS DE SERVICES

DU

COMMANDANT BOCHET

BOCHET (Jules-Alfred-Joachim), né le 15 mars 1831, à Saint-Denis (Seine). Fils de Charles et de Faustine Galli.

Engagé volontaire du 20 mars 1849.

Ecole spéciale militaire, élève, 6 décembre 1848.

1er batail. de chass. à pied, sous-lieutenant, 1er octobre 1850.
2me — id. lieutenant, 23 février 1854.
3me — id. lieutenant, 19 septembre 1855.
4me — id. lieutenant, 21 janvier 1856.
9me — id. capitaine inst. de tir, 27 mars 1858.
7me — id. capitaine, 13 août 1862.
7me — id. adjudant-major, 15 août 1866.
59me régiment d'infanterie, chef de bataillon, 24 décembre 1869.

Tué à l'ennemi le 18 août 1870.

Cité dans un ordre général (n° 76) en date de

Mexico, le 10 mai 1865, pour s'être distingué au combat de Guyaho.

Campagnes :   *Afrique*, du 3 juillet 1852 au 22 août 1858.

—   *Orient*, du 1er octobre 1855 au 26 mai 1856.

—   *Mexique*, du 22 août 1862 au 24 mars 1867.

—   *Contre l'Allemagne*, du 19 juillet au 18 août 1870.

Décorations :

Chevalier de la Légion d'honneur, 5 mai 1865.

Décoration de l'Ordre de Guadalupe du Mexique, 26 novembre 1867.

Médaille du Mexique.

En juillet 1862, mis à la disposition du département de la marine pour concourir à la formation de compagnies de volontaires créées à la Guadeloupe et à la Martinique et destinées à rejoindre l'armée française au Mexique.

JOURNAL

D'UN

OFFICIER DE CHASSEURS A PIED

A *bord du* " Tilsitt ", *en mer, 8 septembre 1862.*

Mon cher A......, comme tu as dû le voir par
la lecture de ma lettre à M...., ne sachant où tu
seras quand le courrier arrivera en France, je prends
le parti de t'adresser, sous le couvert de cette chère
sœur, le récit du Baptême que j'ai reçu hier.

Comme il arrive souvent, le prologue était plus
intéressant que la pièce, où du moins promettait
plus qu'elle n'a tenu. Cela vient de l'effroyable
encombrement du navire, sur le pont duquel il y a
déjà trente et un chevaux ou mulets. La fête a
commencé à une heure. Le cortège s'est avancé en
en bon ordre, venant de l'avant à l'arrière. Notre
fanfare ouvrait la marche : puis, venaient toutes
sortes d'individus : des nègres, des diables, des
gendarmes, un meunier, un décrotteur, un barbier,
l'aumônier du Père Tropique ; enfin son char, du-

2

quel sont descendus Neptune, le Père Tropique, sa femme et sa fille. La marche était fermée par toute une bande de diablotins et un ours.

Tout le monde était très convenablement déguisé : les diables et diablotins sortaient du tuyau de la machine, l'ours était dans une peau de bœuf, tué à bord, il devait avoir une jolie chaleur. Madame Tropique, figurée par un matelot fourrier, était certainement plus appétissante que nos deux cantinières. Mais le pompon devait être donné au décrotteur qui, par une fente de sa veste dans le dos, laissait voir, sous une épaisse croûte de crasse, un superbe tatouage, représentant l'Impératrice Eugénie. Le cortège, arrêté sur la dunette, le commandant a répondu aux diverses questions de Neptune, auquel a été immédiatement remis le commandement du navire. Alors il a fait toutes sortes de commandements burlesques que suivaient comme d'habitude les coups de sifflet des maîtres d'équipage. Où est le capitaine ?

Sur la cambuse !!! etc., etc. L'aumônier du Père Tropique s'est alors fait hisser dans une manche à vent, figurant fort bien une chaire, et a commencé un discours fort drôle, ma foi, où il a expliqué le but de la cérémonie.

Le discours terminé, le baptême a commencé. On est venu prévenir le commandant qu'on allait couper la tête du bonhomme, c'est-à-dire décapiter la figure allégorique qui se trouve à l'avant, c'est le baptême d'un vaisseau qui n'a jamais passé les

Tropiques. Le commandant a prié de n'en rien faire, disant qu'il paierait sa rançon. Ensuite est venu le tour du général et des officiers supérieurs. On s'est contenté pour ces gros bonnets d'une allocution et d'un peu d'eau dans la manche. Naturellement chacun paie sa rançon, c'est là le fond de la fête. Le tour des officiers inférieurs est à la fin venu. Les gendarmes du Père Tropique sont venus sommer chacun de nous, à son tour, en commençant par un jeune enseigne du bord, de les suivre. On nous faisait asseoir sur une planche placée sur un baquet plein d'eau. Le barbier, avec un rasoir gigantesque de bois, nous faisait la barbe, pendant que le décrotteur nous cirait ; puis, l'aumônier nous faisait baiser je ne sais quel morceau de bois, en nous faisant jurer de ne jamais faire la cour à la femme d'un marin et autres fariboles. Au moment où nous levions la main pour dire : Je le jure, la planche basculait et nous tombions le derrière dans l'eau. Nous donnions vite nos cinq francs et nous nous sauvions ; mais, au même instant nous recevions une bonne poignée de farine, en guise de poudre de riz probablement. J'en ai eu la bouche remplie.

Après les officiers vint le tour des sous-officiers. Même cérémonie avec addition de sceaux d'eau, tombant des cordages. Je crois qu'aux simples soldats, il y aurait eu peut-être encore une addition quelconque, mais, à quatre heures, un roulement fit cesser la fête. Le soir, il y eut grand bal sur la dunette et sur le pont. Notre fanfare, montée sur une des écuries, faisait l'orchestre. A dix heures, l'air de « la Reine Hortense » indiqua que la cérémonie était décidément close.... Malgré l'encombrement du pont, tout s'est passé sans accidents. Nos 1,500 hommes garnissaient tous les cordages, les bastingages, etc. On pouvait craindre que, dans le tohu-bohu, un d'eux tombât à la mer. Les bouées et une embarcation étaient parées, c'est peut-être pour cela qu'il n'y a pas eu besoin de s'en servir.

On a remis à chacun de nous un certificat du capitaine. Maintenant, même pour la Ligne, nous sommes en règle, car, dans la marine, on n'est pas anabaptiste. L'équipage a ramassé 260 francs, qui serviront à faire un repas succulent, à la première occasion.

Bien, comme je te le dis en commençant, que je m'attendisse à mieux, je ne me suis pas moins amusé à cette cérémonie burlesque, où règne la plus grande égalité, sans nuire à la discipline. Et puis, songe que cela se passe en plein Océan, sur un beau vaisseau, avec toutes ses voiles, qui n'en continue pas moins à s'avancer majestueusement, sans se préoccuper du délire de son équipage. Nous avons le plus beau temps du monde. Je suis comme chez moi. Nous ne chauffons plus depuis que nous sommes sous les vents alizés, et le mouvement du vaisseau est si doux qu'on le sent à peine.

Martinique (Fort-de-France), 24 septembre.

Nous sommes arrivés à la Martinique, dimanche 21, au soir. Nos hommes ont été débarqués et campés dans un fort sur la montagne. Il fait une chaleur effroyable, surtout pour y monter. Mais quelle admirable végétation ! Quel superbe pays ! Je n'ai pu encore jouir de rien, car je viens de passer vingt-quatre heures de service au fort. J'ai différents achats à faire et on dit que nous partons après demain ! Tu vois que je n'ai pas grand temps à moi.

Je me porte à merveille, bien que souffrant beaucoup de la chaleur. Ah ! qu'Henri serait malheureux dans ces climats, surtout s'il était forcé d'être en uniforme. Heureusement qu'on nous autorise à porter des chapeaux de paille. Je pense que, d'ici à la Vera-Cruz, bien des licences nous seront permises. . . . .

A bord du "Tilsitt", en mer, 19 septembre 1862.

Quand j'ai reçu la lettre si charmante que tu m'as écrite à mon premier départ pour le Mexique, tous les souhaits que tu formais pour moi m'entraient au cœur comme des épingles, puisque je croyais ne jamais pouvoir les réaliser. Maintenant, au moins, je puis t'en remercier, puisque me voilà sur le chemin où l'on acquiert tout ce que tu me désires. Mais je ne suis pas si ambitieux et pourvu que je revienne en bonne santé, je me croirai payé de toutes mes fatigues, par les émotions que j'éprouverai et par les souvenirs que je garderai, sans doute, de cette lointaine campagne. Tu sais que j'aime beaucoup les voyages; aussi ai-je déjà éprouvé une joie d'enfant, en débarquant à Ténériffe, de me promener dans la ville, toute laide et sale qu'elle est, simplement parce que c'est une île où tout le monde ne vient pas. Nous y avons passé de grands jours et j'en avais assez. Voilà dix-sept jours que nous sommes en mer entre le ciel et l'eau. Je t'affirme que le temps passe beaucoup plus vite que tu ne le croirais. Un grand vaisseau est une véritable ville ambulante, un peu comme celle de Rome avant l'enlèvement des Sabines; mais on s'habitue à tout.

Nos distractions sont les mousses et les nuages. Nous prenions grand plaisir à voir trotter, grimper et jouer les vingt mousses de notre vaisseau. Les enfants sont toujours gracieux et gentils et je ne comprends pas qu'on puisse s'ennuyer avec des enfants. Quand nous avons bien considéré les mousses, nous regardons les nuages et, le soir, au coucher du soleil, nous nous amusons beaucoup à chercher les formes bizarres et fantastiques qu'ils affectent à l'horizon.

Quand la nuit est venue, nous avons sur la tête le ciel le plus splendide que tu puisses imaginer et je t'assure qu'on peut rester des heures entières en contemplation.

Tous les jours aussi notre fanfare nous écorche les oreilles pendant une heure; elle est mauvaise, mais elle fait diversion.

Nous avons été baptisés naturellement au passage du Tropique. Ça a été une journée fort gaie et amusante, du moins relativement. Tous les dimanches soir on danse sur le pont. La joie des matelots et des soldats est alors à son comble.

Nous sommes assez mal nourris et surtout horriblement salement servis. Notre maître d'hôtel devrait tous les matins être plongé dans la mer à la traîne du vaisseau !

Pour comble de malheur, toutes nos conserves sont gâtées et il est temps que nous arrivions à la Martinique car nous tuons aujourd'hui notre dernier bœuf.

20 septembre.

Ma lettre d'hier a été interrompue, parce que je ne pouvais plus résister à la chaleur. Imagine-toi que notre commandant exige que nous soyons toujours en tenue et elle est la même qu'en France ! C'est à peine si on tolère que nous soyons déboutonnés. Quant à moi, qui, à Paris, n'étais jamais en uniforme, j'en souffre plus que les autres.

Nous comptons arriver demain à la Martinique;

c'est de là que cette lettre partira. Elle ne tardera pas trop à te parvenir, malgré la jolie distance qui nous sépare. Et dire qu'elle va encore s'accroître ! Mais, si je calcule bien, ma chère B......, à la réception de cette lettre, tu seras bien près de m'élever à la dignité de grand'oncle. Il faut donc que je songe aux nouveaux devoirs que ce nouvel honneur m'impose. Monter en grade, comme tu me le souhaites, ne dépend pas de moi, mais je puis certainement avoir dans mon maintien et ma dignité quelque chance de révélateur pour les moins clair-voyants.

Enfin, ma chère B......, je serai on ne peut plus heureux d'apprendre ta délivrance; un enfant te fera le plus grand bien et c'est le complément indispensable du bonheur, dans la vie d'exil que tu t'es choisie. Je suis certain de ne pas être démenti par ton mari à qui j'envie son bonheur. Il va être père ! Mais, bah, je suis content aussi, car j'ai ce que je désirais, puisque je demandais depuis trois ans une femme ou la guerre !

Adieu, ma chère B......, je t'embrasse de tout mon cœur, je serre cordialement les mains de mon neveu.

Ton oncle,

ALFRED.

Martinique, 24 septembre.

Je suis toujours en bonne santé. Il fait horriblement chaud. Nous repartons après-demain.

En mer, à bord du Tilsitt, *9 octobre 1862.*

Nous voici bientôt au terme de notre longue
navigation. Après-demain matin, nous espérons
mouiller devant la Vera-Cruz! Cela nous fera cinquante jours d'embarquement, pendant lesquels
nous aurons constamment joui du temps le plus
beau et le plus calme que l'on puisse ambitionner.
Nous n'avons réellement souffert de la chaleur qu'à
la Martinique; maintenant nous sommes culottés
et, bien que nous ayons encore 30°, nous ne nous
apercevons pas que nous sommes dans la zône
torride. Il est vrai que nous ne nous donnons pas
beaucoup de mouvement et que nous avons presque
toujours de la brise. Les rigueurs de tenue dont
je me plaignais dans mes premières lettres ont
naturellement cédé devant la nécessité et il en sera
toujours ainsi. Nos schakos sont emballés et rem-
placés par des chapeaux de paille achetés à la

Martinique, nous pouvons nous déboutonner en partie.

Notre vie à bord, quoique monotone, ne m'a pas trop ennuyé. D'abord, je me porte à merveille; ensuite, je me sens heureux de ma position. Je pense à ces braves 131 hommes que je commande, que je vais conduire au danger, sur lesquels je dois veiller; je me berce de l'espoir de leur inspirer confiance, de m'en faire aimer; enfin je finis par me dire que la plupart d'entre eux, dans un moment donné, seraient prêts à se faire tuer pour moi. C'est un bel état que celui de militaire en temps de guerre! On a des jouissances et des émotions qui paient largement des ennuis et de l'oisiveté de la garnison. Ces pensées m'occupent de plus en plus à mesure que nous approchons du terme de notre voyage. Nous avons hâte de toucher cette plage de Vera-Cruz, si justement célèbre, et qui passe pour la plus malsaine du globe. J'ai déjà dit quelles étaient nos distractions à bord, tu peux y ajouter quelques parties de whist et de dominos. Dimanche soir, nous avons eu un spectacle par les chasseurs du bataillon. On avait installé le théâtre sur la dunette, tant bien que mal. On nous a joué *Indiana et Charlemagne* et l'*Aumônier du Régiment*, le tout accompagné de quelques chansonnettes. Ce soir, il y aura concert. Nos artistes, pour leur début, ne s'en sont pas trop mal tirés. J'en ai quelques-uns dans ma compagnie et j'avais même autorisé un de ceux qui devaient remplir un rôle de femme à raser la legère moustache qui ornait sa lèvre supérieure. On ne saurait trop encourager tous ces divertissements en campagne; ils secouent les hommes, les egaient et combattent la nostalgie et les maladies.

Au mouillage devant Vera-Cruz, 13 octobre.

Quand j'écrivais cette lettre, je ne me doutais pas que nous aurions à subir, avant d'arriver, un fort gros coup de vent, qui peut bien passer, aux yeux de qui n'est pas marin, pour une tempête, c'est le fameux *Norte*. Il nous a pris vendredi soir 10, et a duré toute la nuit, toute la journée du lendemain et toute la nuit du samedi au dimanche.

La mer était effrayante et superbe; le vaisseau prenait des inclinaisons fantastiques. Je n'ai pas eu un seul instant de malaise, mais j'ai été bien content quand cela a été fini, car, tous les sabords étant fermés, on ne respirait plus, et il était impossible de manger, le roulis renversant tous les plats et toutes les tasses, en dépit des chevilles qui devaient les tenir. Nous avons par prudence amarré nos mats de perroquet et nous n'avons éprouvé aucune avarie.

Lorsque, dimanche matin, le soleil s'est levé, nous ne savions trop où nous étions lorsque la terre a été signalée. Nous nous sommes approchés le plus près possible pour reconnaître la côte et il s'est trouvé que nous étions tout près de Vera-Cruz, où nous avons mouillé hier soir. De sorte que notre coup de *Norte* ne nous a retardé que de trente heures. L'aspect de la plage de Vera-Cruz est des plus tristes. Le *Norte* est le vent le plus sain pour la terre, en ce sens qu'il purifie l'air et qu'il est le signe de la fin de la mauvaise saison. C'est la première fois qu'il souffle cette année, nous arrivons donc bien. Je ne sais quand nous débarquerons; le mouillage est rempli de navires; il en arrive tous les jours. Le courrier parti de France le 14, vient d'arriver ; je vais donc avoir des nouvelles plus récentes que je ne croyais.

Au mouillage de Sacrificios, le 16 octobre 1862, à bord du Tilsitt.

....Je me porte toujours à merveille. Le *Norte* diminue. Le vaisseau le *Saint-Louis*, qui porte le général Bazaine est signalé. Nous allons enfin avoir des ordres pour débarquer. Nous commençons a être agacés de ne rien faire. Nous sommes ici depuis le 12 au soir.....

Nous sommes mouillés assez loin de Vera-Cruz, au mouillage de *Sacrificios*. Nous avons devant les yeux l'affreux îlot du même nom, sur lequel nous apercevons des tombes, qui nous indiquent que c'est là qu'on enterre ceux qui meurent au mouillage, mais heureusement il n'est plus question de la fièvre jaune ou a peu près. Notre santé à tous est excellente et la mienne en particulier ne laisse rien à désirer.

Le général Forey est parti seulement samedi matin. Il paraît qu'il n'y a que fort peu de moyens de transports et qu'on ne sait trop comment ni quand nous débarquerons. Tous les chalands ont été jetés à la côte, pendant le dernier coup de vent. Un navire de commerce a eu le même sort. On y a mis le feu ce matin, afin qu'il ne fut pas pillé par les Mexicains.

On prétend, qu'Almonte et Marquet furieux d'être congédiés, tiennent la campagne aux environs de Vera-Cruz. Du reste tout ces bruits sont des cancans dont je ne garantis pas l'exactitude, n'ayant encore vu que très peu de monde et n'ayant pas bougé du bord.

2 novembre 1862.

Je n'ai pu écrire par le courrier anglais, qui doit partir aujourd'hui de Vera-Cruz. Le jour où les lettres étaient ramassées, j'étais absent du camp, avec trois compagnies chargées de l'escorte de notre convoi. Les cavaliers mexicains qui les portaient nous ont cependant traversés et ont même exhibé leur laissez-passer. Mais le chef d'état-major n'avait pas porté dessus le but de leur mission, de sorte que nous n'avons pu en profiter. Nous nous sommes amèrement plaints, à notre retour, de cet oubli, qui a dû causer de l'inquiétude à nos familles, puisqu'il les a privées des premières nouvelles que nous pouvions leur donner, depuis notre débarquement. J'espère cependant que, pour votre part, vous aurez été assez raisonnables pour ne pas vous inquiéter. Songez que je suis dans un pays où les communications sont très difficiles et que, ensuite, mille circonstances peuvent nous faire manquer le départ du courrier, quand même nous aurions eu le temps et la possibilité d'écrire, ce qui, comme tu le verras, n'arrive pas tous les jours. Je vous dis cela une fois pour toutes et pour l'avenir. Du reste, si je n'avais pu écrire, j'enverrais au moins un carré de papier avec ces simples mots : Je me porte bien.

Nous n'avons débarqué du *Tilsitt* que le dimanche 19 octobre, c'est-à-dire juste huit jours après notre arrivée. Tu crois peut-être que c'est une opération bien simple que de débarquer à Vera-Cruz. Détrompe-toi. Quand le *Norte* souffle (et il souffle souvent en cette saison), on n'aborde qu'avec la plus grande difficulté. Enfin, nous y sommes parvenus, non sans être entièrement mouillés par les lames et avec l'aide des marins, qui nous attendaient sur le môle pour nous donner la main et enlever le sac et les armes de nos hommes.

Je te parlerai peu de Vera-Cruz, où nous n'avons heureusement séjourné que vingt-quatre heures. C'est une ville en décadence, mais qui a dû être bien belle. L'herbe pousse dans les rues ; les habitants s'occupent tranquillement de leur commerce, sans se soucier du pavillon français, qui flotte fièrement auprès du pavillon mexicain. J'ai passé mon temps à installer mes hommes et à faire quelques achats. Naturellemant, je n'ai pu dormir de la nuit, dévoré que j'étais par toutes sortes de bêtes.

On couche plusieurs dans la même chambre. Dans celle où j'étais, il y avait en outre (derrière un rideau, il est vrai), une chèvre, qui a fait au beau milieu de la nuit, un vacarme épouvantable, sous prétexte que sa maîtresse s'éloignait un instant ! Comme on ne veut pas, et avec raison, laisser séjourner les troupes à Vera-Cruz, la partie du bataillon dont je faisais partie a été dirigée, par le chemin de fer, sur le camp de Téjéria, à douze kilomètres. Nous étions sans bagages, la mer étant trop mauvaise pour qu'on pût songer à faire accoster le chaland qui les portait.

Nous sommes donc partis en chemin de fer, avec un petit peloton de seize hommes, ayant les armes chargées, dans le cas où l'on rencontrerait des guérillas. Ce petit trajet s'est fort bien passé, nous n'avons rencontré aucun ennemi et nous nous sommes installés à notre camp, attendant le reste du bataillon. Téjéria est aussi malsain que Vera-Cruz, mais moins sûr, puisqu'il a été attaqué à la fin de septembre, aussi fîmes-nous charger nos armes, qui, du reste, n'ont pas cessé de l'être depuis lors.

Le restant du bataillon et nos bagages nous rejoignirent le surlendemain, et nous partîmes tous ensemble le jour suivant, n'ayant heureusement campé que deux jours et demi dans cet affreux endroit. Quand je dis affreux, c'est que tous ceux qui l'habitent ont la fièvre et des mines de citron, car la végétation y est magnifique ! Le chemin de fer n'allant pas plus loin que Téjéria, c'est sur nos jambes que nous allâmes à Santa-Fé, qui était le lieu de rendez-vous de la brigade de Bertier. Nous y arrivâmes les premiers. Entre Téjéria et Santa-Fé, la distance est à peine de trois kilomètres, mais ce dernier est cependant très sain.

Santa-Fé est le premier village mexicain que nous voyons, il était abandonné, comme tous ceux que nous avons vus depuis. Du reste, tous se composent de véritables huttes, couvertes en paille, avec des murs à claire-voie.

La brigade se réunissait peu à peu à nous. La plupart arrivait directement à pied de Vera-Cruz, par la route de Jalapa. Il n'y avait que douze kilomètres, et cependant déjà le convoi de vivres ne pouvait parvenir à destination. Il était obligé de coucher en route et nous étions envoyés, à moitié chemin, relever l'escorte fatiguée.

Santa-Fé où nous sommes restés quatre ou cinq jours, a été notre dernier bon temps. Là, distributions régulières : vin à ne savoir qu'en faire, pain à tous les repas, *Norte* rafraîchissant le temps (même, un moment, un peu trop). On aurait dit que le ciel et l'administration s'entendaient pour nous combler de bien-être ; probablement que l'un et l'autre savaient que plus tard tout n'irait pas aussi bien. Nous avons quitté Santa-Fé le 27, et depuis, voilà le premier instant où je puisse prendre la plume.

Nous sommes arrivés ici le 30. Nous avons marché tous les jours depuis le lever du soleil jusqu'à son coucher et, cependant, nous ne sommes qu'à cinquante-et-un kilomètres environ de Vera-Cruz et comme nous en avions fait douze pour aller à Santa-Fé, il s'en suit que nous avions mis quatre jours pour faire trente-neuf kilomètres, soit neuf kilomètres neuf cents par jour.

Pour comprendre cela il faut d'abord connaître ce que l'on est convenu d'appeler *route* au Mexique et ensuite savoir ce que peut être un convoi, composé de trente-deux grosses et lourdes voitures, attelées de dix mules et conduit par un seul Mexicain !

La route a dû être très belle du temps de la domination espagnole, mais depuis plus de cinquante ans on n'y a pas touché, de sorte que tantôt c'est un sable, dans lequel on enfonce jusqu'à la cheville, tantôt c'est un lit de torrent, plein de quartiers de roches et de pierres de toute sorte. Ici ce sont des ornières, qui ont l'air de gouffres béants, là des ressauts, qu'on prendrait pour des marches d'escalier. Par exemple le pays traversé est admirable.

Ce sont des bois charmants où l'on trouve des citronniers et toutes espèces d'arbres, dont je ne sais pas le nom, mais qui font ressembler le pays à un décor d'opéra. On voit partout des bandes de perroquets de toutes couleurs, plus nombreux que les moineaux en France. Nous avons couché le premier soir à un lieu nommé Zoopilate, un peu plus loin que Saint-Juan, qui est la tête du chemin de fer de Vera-Cruz (la partie entre Téjéria et Saint-Juan est en trop mauvais état pour que nous puissions nous en servir). La queue du convoi n'a jamais pu arriver jusqu'à notre camp et a été forcée de camper à Saint-Juan. Le général s'est alors décidé à rompre notre colonne en deux : l'une légère, composée de la cavalerie, du génie, d'une section d'artillerie et de notre bataillon a du partir en avant pour réparer la route ; l'autre, avec le gros de l'infanterie, c'est-à-dire trois bataillons, le reste de l'artillerie, l'état-major, le grand convoi et le troupeau a du suivre à un jour d'intervalle.

Nous avons aussi été camper, après trois jours, à Puente Nacional qui est une très forte position que les Mexicains ont abandonnée et que nous allons occuper. Là, les deux colonnes se sont réunies, mais la route était tellement mauvaise que le grand convoi était resté en arrière à Paso de Ovéjas, sous la garde d'un bataillon du 51ᵉ. En notre qualité de chasseurs, trois compagnies de mon bataillon, dont la mienne, sont parties pour aller le chercher et relever son escorte.

Jamais je n'ai rien vu de pareil à ces voitures, si pesamment chargées, traînées par ces chemins épouvantables par les dix petites mules, qui bondissent comme des chèvres au milieu des pierres et des quartiers de rochers. Quelquefois on est forcé de doubler les attelages et, alors, le spectacle est encore plus curieux : les mules, quatre par quatre, se montent presque sur le dos les unes des autres. Chaque conducteur de voiture a sa famille avec lui, de sorte que l'on voit, assise sur le timon, une femme Mexicaine, quelquefois avec un enfant. Et l'on se demande par quel prodige d'équilibre elle peut s'y maintenir et comment elle ne se rompt pas cent fois les os, aux offroyables chaos qu'elle a à supporter. Enfin, quand on voit chemins et voitures, on se dit que jamais les unes ne pourront passer dans les autres et, quand elles sont passées, on est encore à se demander comment elles ont pu faire.

Nous sommes revenus à Puente Nacional après avoir été forcés de camper une fois en route et nous avons enfin aujourd'hui le premier séjour, pour nous reposer et nous délasser.

Le site est fort beau : deux torrents s'y réunissent. Je me suis baigné dans l'un d'eux le 30 et 1er novembre. L'eau était excellente. C'est assez te dire la chaleur qu'il fait.

Jalapa, 9 novembre.

Nous sommes partis le 3 novembre au matin à 5 heures pour El Plan-d'El-Rio. L'étape était longue et fatigante, vingt-quatre kilomètres par une chaleur étouffante. Les deux colonnes réunies, ou à peu près, car la route est un peu moins mauvaise.

A moitié chemin environ, nous commençâmes par voir sur la route le cadavre d'un cheval de chasseurs à cheval, et, à côté, celui d'un cavalier mexicain. Nous pensâmes naturellement que le Mexicain avait démonté le Français et que celui-ci avait tué son ennemi. A chaque pas que nous faisions, nous rencontrions un nouveau cadavre mexicain. Nous pûmes ainsi en compter douze sur une longueur d'environ 12 kilomètres. Nous rencontrâmes aussi, à une halte, quatre chasseurs à cheval blessés que l'ambulance recueillit et dont deux moururent dans le trajet. Je ne pouvais m'empêcher de penser que c'était le lundi, 3 novembre, jour des morts !

Jalapa, 10 novembre.

Voici ce qui s'était passé. Les deux escadrons de chasseurs à cheval de notre brigade étaient à l'avant-garde. Ils ne s'attendaient à rien, car l'ennemi commençait à nous paraître à tous un mythe, lorsque, subitement, ils se trouvèrent en présence d'un fort parti de lanciers mexicains. L'extrême avant-garde, composée de quinze ou vingt cavaliers, dont le lieutenant-colonel, les chargèrent vigoureusement et marquèrent la poursuite des signes non équivoques, qui nous avaient frappés en route. Ils firent deux prisonniers, prirent des lances, des sabres, des mousquetons, ainsi que des chevaux.

Nos soldats, qui commençaient à être fatigués, se sentirent réveillés par ces premiers signes de la guerre. Ils ne tiraient plus la jambe et faisaient leurs réflexions sur la vigueur que nos cavaliers avaient dû déployer. Enfin, disaient-ils, nous allons pouvoir décharger nos carabines !

Le soir nous couchâmes à Plan-d'El-Rio. Le lendemain à dix heures, par une chaleur accablante, (c'était le 4) le général partit en reconnaissance avec trois compagnies de mon bataillon, dont la mienne, qui est la troisième, une demi-section du génie, une demi-section d'artillerie et plusieurs compagnies d'infanterie, avec quelques cavaliers.

Les soldats étaient sans sacs. Nous comptions revenir coucher à Plan-d'El-Rio. Nous n'avions aucun bagage avec nous.

Il s'agissait d'aller reconnaître un passage très fort et très difficile, appelé Cerro-Gardo, qu'on savait pouvoir être défendu, puisqu'il l'avait été par Santa-Anna contre les Américains en 1847.

En tête de notre colonne marchait la 2ᵉ compagnie de notre bataillon comme avant-garde, puis le génie. Venaient ensuite le général et son état-major, puis ma compagnie, et, enfin, la 4ᵉ ; après, suivaient l'artillerie et l'infanterie.

Cerro-Gardo est une montagne boisée, qui donne son nom au défilé, entouré de tous côtés de fortes hauteurs boisées et escarpées. Nous montions péniblement le défilé, lorsque tout-à-coup, à un tournant, le sergent d'extrême avant-garde crut reconnaître sur le Cerro-Gardo, qui se dressait devant nous, l'ennemi en position. Le général fit tirer dessus quelques coups de carabine à 400 mètres. Au même instant une fusillade assez vive partit du Cerro-Gardo, accompagnée d'un coup de mitraille. Ma compagnie, qui formait la tête de la colonne, arrivait à ce moment presque au tournant, qui se dirigeait à droite, de sorte que nous ne voyions pas l'avant-garde. Nous nous arrêtames, mais les chasseurs, dont les cinq-sixièmes n'avaient jamais vu le feu, au bruit de la mitraille, se crurent pris en flanc et se mirent à tirer, malgré nos ordres, sur l'escarpement boisé et fourré qui se dressait à leur droite.

Nous fîmes cesser ce feu inutile, en leur recommandant bien de ne jamais tirer qu'en apercevant distinctement l'objet à atteindre.

A ce moment, le général arrivait au galop et donna l'ordre à ma compagnie de se frayer un chemin au milieu de la hauteur boisée de droite et

de tâcher d'arriver en haut pour débusquer l'ennemi. Je commandai immédiatement : En avant !
et je m'élançai, le révolver à la main, suivi de mes
hommes, au milieu du fourré. Nous commençâmes
notre ascension qui, je t'assure, n'était pas com-
mode et nous parvînmes enfin au sommet du mamelon. Nos chasseurs grimpèrent avec un entrain
admirable, car ils ne mirent pas cinq minutes à y
arriver. Une éclaircie, dans le fourré, nous per-
mettait de voir parfaitement, en face de nous,
l'ennemi établi sur le Cerro-Gardo, mais un ravin
infranchissable nous en séparait. Je postai mes
chasseurs et fis de suite commencer le feu. A la
fumée, je reconnus promptement l'emplacement
de la batterie qui tirait à mitraille, sans nous
atteindre. Je fis principalement diriger le feu
contre elle. Au bout d'un instant, nous vîmes tous
les Mexicains battre en retraite et fuir au milieu
des buissons. On leur tirait dessus, ma 2ᵉ section
surtout, postée plus à droite que la 1ʳᵉ, et qui
était parfaitement placée pour cela. Le feu ennemi
était éteint, la position abandonnée, bien facilement comme tu vois. A ce moment, le commandant
du bataillon arriva avec la 4ᵉ compagnie, et nous
partîmes tous en contournant les hauteurs. Nous
traversâmes le ravin et gravîmes la position du
Cerro-Gardo, que l'ennemi avait abandonnée. Il
l'avait fait si vite que nous trouvâmes dans les
embuscades en pierres sèches qu'il avait élevées,
des pots, des vivres, des couvertures, trois caisses

à cartouches, huit armes à feu et un sabre. Je donnai l'ordre d'aller à la batterie prendre ce que l'on trouverait. Nos chasseurs y prirent un obusier de montagne, prêt à faire feu, avec tout son attirail, ses munitions, son affût et les trois mulets, tout bâtés, destinés à le porter. L'un d'eux avait reçu une balle : nous l'abandonnâmes après lui avoir pris son bât. Nous prîmes en outre un cheval tout sellé.

Nous rejoignîmes alors la colonne qui avait pu s'avancer sur la route. Nous étions tout près du village de Cerro-Gardo. L'avant-garde y arriva au pas de course. Il n'y avait personne qu'une vedette, qui s'empressa de fuir après avoir tiré son coup de fusil.

Une moitié de la reconnaissance dut passer la nuit au village pour garder la position. L'autre moitié et le général retournèrent à Plan-d'El-Rio et nous rejoignirent le lendemain avec le reste de notre colonne, notre convoi et nos sacs.

La nuit au bivouac fut fatigante. Nous n'avions pas le moindre manteau pour nous coucher; les cases abandonnées étaient fort peu habitables, à cause des démangeaisons effroyables qu'on y ressentait. Aussi passai-je la nuit sur pied.

Le lendemain nous versâmes à l'artillerie les armes et l'obusier que nous avions pris. Il reste maintenant avec nos pièces, prêt à tirer. Les deux mulets ont été achetés par la remonte et le prix distribué entre les hommes des trois compagnies présentes au combat. Quant au cheval, nous le gardons; du reste, il n'est pas fameux. Je n'ai eu dans ma compagnie qu'un seul homme blessé d'une balle à l'épaule. Dans la 2ᵉ compagnie, il y en a trois et, dans le génie, un sapeur a été tué. De sorte que le combat de Cerro-Gardo ne nous coûte qu'un tué et quatre blessés. Je ne compte parmi les blessés que ceux entrés à l'ambulance. Quelles sont les pertes de l'ennemi ? Je n'en sais rien. On dit qu'ils étaient cinq cents pour défendre cette position.

Nous avons fait notre entrée à Jalapa le 7, au milieu de l'indifférence des habitants. Jalapa nous paraît un paradis, mais c'est affreux. Nous sommes campés près de la ville, mais demain nous entrons nous installer dans les grandes casernes qui s'y trouvent. Nous allons y attendre les ordres du général Forey et il n'est pas facile de les recevoir, car les communications sont très difficiles.

Tu sais que Jalapa se trouve à 1,321 mètres au-dessus du niveau de la mer. Il y fait chaud le jour, mais très froid le soir et le matin, surtout la nuit. Le panorama que nous avons sous les yeux est admirable. Ce sont des montagnes dominées par le pic d'Orizaba, couvert de neige. Tu sais que ce pic est plus élevé que les plus hautes montagnes d'Europe. Il a, je crois, 5,400 mètres.

Hier soir, le courrier de France, nous est arrivé, escorté par un bataillon du 62ᵉ, qui était resté en arrière. Il m'a apporté une lettre de toi et une de.....

Ma santé n'a pas cessé un instant d'être excellente. J'ai eu seulement la figure, le cou, les oreilles, les mains tellement piqués par les moustiques que j'en étais défiguré. J'étais tout enflé et je ne voyais presque plus clair. Maintenant que nous sommes dans une région tempérée, cela va mieux, je commence à peler. La santé de la brigade est très bonne. Un régiment seul, le 51ᵉ, a été très éprouvé par les fièvres. On en voyait tout le long de la route, dans un état pitoyable et ils encombraient les voitures. Ma compagnie a 14 hommes à l'ambulance sur 131. Et encore ne sont-ils pas très gravement malades et sortiront-ils bientôt, j'espère.....

Jalapa, 10 novembre 1862.

..... Je te dirai seulement que nous avons fait notre entrée à Jalapa le 7, après une marche assez pénible ; que nous sommes campés près de la ville, mais demain nous entrons occuper des casernes qui s'y trouvent.

Mous n'avons rencontré l'ennemi que les 3 et 4 novembre. Le premier jour, c'est l'avant-garde de cavalerie qui a eu affaire à lui. Le 4, ma compagnie a donné : j'ai eu un homme blessé. Nous avons trouvé sur la hauteur abandonnée par l'ennemi un obusier de montagne complet, avec les mulets destinés à le porter, une trentaine de fusils et un sabre, ainsi que plusieurs caisses de munitions.

C'est au combat de Cerro-Gardo, que tout cela a eu lieu. Notre brigade a perdu ce jour là un homme et a eu quatre blessés. Ma santé est excellente et n'a pas cessé un seul jour d'être telle. Je n'ai eu qu'un petit accident : mes mains, ma figure, mon cou, mes oreilles abominablement piqués par les moustiques, ont enflé de manière à m'empêcher de voir. Maintenant je vais mieux, je commence à peler. J'ai un appétit d'enfer. Nous vivons assez bien. Quand nous n'avons pas de pain, ce qui arrive quelquefois, nous mangeons du biscuit. Quand nous n'avons plus de vin, c'est moins agréable; et l'eau et le café, le thé, ou l'eau avec du citron remplacent assez mal pour des gens fatigués un bon verre de vin.

J'ai par-dessus tout une gaîté et un contentement à toute épreuve.

De Vera-Cruz à Jalapa, nous n'avons vu que des villages abandonnés. Quelques rares paysans venaient nous vendre des oranges, des poules, des cigares.

Nous ne savons combien de temps nous resterons ici, nous attendons les ordres du général Forey. Mais quand arriveront-ils ? car de Jalapa à Orizaba les communications sont bien difficiles.

Nous avons traversé un pays magnifique. De quelques kilomètres de Vera-Cruz à quelques kilomètres avant Jalapa, ce n'est qu'un bois perpétuel avec bien entendu toutes sortes d'accidents de terrain.

On y voit les perroquets comme les moineaux en France, peu de serpents (je n'en ai pas vu un seul !) Mais il y a trop de moustiques, de fourmis, de bêtes de toute sorte, qui, lorsque l'on couche sous une tente, ne vous laissent pas un instant de repos. Tout le long de la route nous avons trouvé des citronniers, qui nous donnèrent des citrons à ne savoir qu'en faire, pour corriger notre eau.

La chaleur a été étouffante ; je me suis baigné dans une rivière le 30 octobre et le 1er novembre. La nuit même il faisait très chaud. Mais depuis que nous sommes à Jalapa, tout cela a changé. Il fait chaud le jour et très froid la nuit. Il y a de la gelée blanche le matin et le jour on n'est bien qu'en toile. Il est vrai que nous sommes à 1321 mètres au-dessus du niveau de la mer, au milieu ou plutôt au commencement des montagnes. La vue est admirable. Nous avons devant nous le coffre de Pérote et à notre droite le pic d'Orizaba, tout couvert de neige. Ce pic, plus haut que tous les monts de l'Europe, a, je crois, 5,400 mètres d'élévation. . . . .

Jalapa, 14 novembre 1862.

Je rentre à l'instant d'une reconnaissance assez pénible et j'apprends qu'il y a ce soir un courrier pour Vera-Cruz. Dans l'espoir qu'il arrivera à temps pour profiter du départ du bateau français. . . . .

Nous sommes installés à Jalapa depuis quatre jours. Les officiers sont logés dans la maison d'un docteur. La maison est assez belle, mais complètement dépourvue de meubles. Nous y sommes donc comme sous la tente, mais très grandement et complètement à l'abri du froid et de la chaleur, ce qui est quelque chose.

Nous continuons à manger comme en campagne, c'est-à-dire en popotte ; les restaurants de Jalapa étant très chers et assez mauvais. Les Jalapanois, auxquels on avait fait de nous des portraits monstrueux, sont tout étonnés de notre discipline, mais n'en sont pas moins froids et réservés. Le fait est que jamais armée ne s'est mieux comportée. Le seul tapage qu'il y ait eu est même burlesque. Ce sont deux grenadiers qu'un Anglais, établi ici, avait menés chez lui et qu'il avait trop bien traités. Ces braves gens, une fois gris, ne se sont pas souvenus qui les avait invités, ni où ils étaient, de manière qu'ils ne voulaient plus s'en aller et s'écriaient : « Si au moins c'était sur ces gueux d'Anglais, comme nous taperions de bon cœur ! »

Il y a ici le chef des troupes qui défendaient le Cerro-Gardo. Il a eu la main fracassée par une balle, au moment où il voulait arrêter ses soldats qui fuyaient. Il va bien. On lui a offert un chirurgien français mais il a refusé.

Nous avons été aujourd'hui à Cuatepec, à une douzaine de kilomètres. C'est une ville charmante où nous devions laisser deux compagnies pour la préserver des guérillas.

Je devais commander le détachement, mais le général nous a ramenés, parce qu'il n'a pas trouvé les locaux convenables et l'empressement des habitants assez grand. Nous leur faisons cependant gagner beaucoup d'argent, car on paie religieusement, et même fort cher, tout ce qu'on achète.

Nous avons vu, à l'hôpital de Cuatepec, trois des blessés des combats de Cerro-Gardo et de Plan-d'El-Rio. Ils ont été assez maltraités par les sabres de nos cavaliers et par les balles de nos chasseurs. Les pauvres diables avaient l'air tout terrifiés. On les a rassurés, en leur affirmant qu'ils n'avaient rien à redouter des Français. Ce Cuatepec est la patrie du fameux chef de guérillas, Contrerra. Il est toujours aux environs, et il m'était recommandé, si j'avais commandé les deux compagnies. La route de Cuatepec à Jalapa est admirable, mais ce ne sont que montées et descentes et de quelle raideur, bon Dieu ! Nous avions avec nous deux voitures et je t'assure que l'arrière-garde et la conduite de ces voitures, que j'ai commandées au retour, étaient bien pénibles.

Nous avons quitté Jalapa le matin, à quatre heures et demie, et nous ne sommes rentrés qu'à deux heures un quart du soir. Ma santé est toujours excellente. Je continue à peler. Celle des troupes est aussi très bonne. Beaucoup d'hommes entrés à l'ambulance en route et à notre arrivée ici, sortent presque par bandes.

Nous ne savons pas ce que nous allons devenir. Il faut attendre les ordres du général Forey.....

Jalapa, 18 novembre 1862.

La situation est toujours la même. Nous sommes à Jalapa ; Dieu sait jusqu'à quand. Il y a maintenant l'ennui des détachements, car on veut, dit-on, occuper tous les points importants sur la route. Nous avons laissé la 1re compagnie à Puente-Nacional, mais elle vient de rentrer et la 2e va partir pour la remplacer. La 3e compagnie, qui est la mienne, est donc maintenant la première à marcher. Je fais des vœux ardents pour avoir au moins un détachement en avant, car Puente-Naciocial ne me plairait guère. Outre que c'est en arrière, c'est, dit-on assez malsain.

La santé des troupes est ici très bonne. Les hommes sortent toujours beaucoup de l'ambulance.

J'en ai cependant perdu un de ma compagnie, de la fièvre jaune. J'apprends aussi qu'un de ceux que j'avais laissés à Santa-Fé, ou plutôt le seul, est mort de la dyssenterie. Mais tout cela te prouve bien que l'état sanitaire est excellent; car on meurt aussi en France et, sur cent trente-et-un hommes, n'en perdre que deux en trois mois, c'est très heureux. Je n'ai plus aujourd'hui que deux hommes à l'ambulance, dont un blessé du combat de Cerro-Gardo. Quant à moi, je me porte toujours à merveille; ma figure est guérie et mes mains ainsi que mes oreilles pèlent seules encore un peu.

Notre général est un homme très froid, trop froid peut être, qu'on ne voit pas assez souvent. Mais je le crois très honnête et très peu faiseur de fantasia. Ainsi, pour notre combat de Cerro-Gardo, où nous avons eu, sur deux compagnies et une section du genie, un tué et quatre blessés, où nous avons obtenu un fort joli résultat et pris un canon, des munitions et des armes, il ne fera pas le moindre bruit et ne demandera de récompenses pour personne, pas même, dit-on, pour les blessés. Je ne pense pas que nous ayons ici d'affaires beaucoup plus disputées et je suis sûr qu'en Chine et en Cochinchine, elles ne l'étaient pas davantage. Vois cependant le bruit qu'on a fait pour tous ces petits combats et compare l'honnêteté des généraux. Dans ces pays lointains, ce qu'il faut c'est de la patience et de la santé; quant à la valeur et au courage, ils ne sont pas nécessaires avec ces races dégénérées ou sauvages. Un soldat français leur fait une impression de peur, trop parfaitement caractérisée pour qu'il faille, du moins, faire preuve, pour les mettre en déroute, de ces qualités guerrières......

En attendant, les mâtins tiennent toujours la campagne et ils assassinent proprement tous les soldats isolés. Aussi, défense expresse de sortir de la ville et, comme nous ne savons pas l'espagnol et que la ville de Jalapa n'offre aucune ressource de plaisirs pour les étrangers, nous nous ennuyons très fort. Nous nous ennuierons surtout davantage par la suite, car, pour le moment, nous sommes encore distraits par la nouveauté des mœurs et des coutumes des habitants ainsi que par les œillades des signoritas.

19 novembre.

Quatre compagnies de mon bataillon, dont la mienne, vont demain matin à cinq heures en reconnaissance. Nous ne savons pas de quel côté.

Jalapa, 9 décembre 1862.

J'arrive aujourd'hui d'une corvée de douze jours. Nous avons été chercher un convoi à San-Juan, près de Vera-Cruz. Nous avons marché dix jours

4

et nous nous sommes reposés deux. Dans les terres chaudes, il fait toujours horriblement chaud ; ici il pleut et fait une bonne température. Je me suis baigné tous les jours à Terra Caliente, en dépit du nom de décembre. Les moustiques m'ont encore éprouvé, mais cette fois d'une manière supportable.

On ne nous a pas inquiétés, comme d'habitude, mais on assassine toujours sur les routes.

En rentrant à Jalapa, on m'a logé chez un habitant de la ville, qui a cinq enfants charmants et qui est très aimable. Il ne sait pas un mot de français, mais nous nous entendons tout de même ; quand je ne sais pas un mot en espagnol, je le dis en latin, et ses fils, qui vont au collège, le traduisent. Tu aurais bien ri tout à l'heure si tu m'avais vu demander à la jeune fille, qui a douze ans, où sont les lieux. Je me plairais ici et j'y apprendrais je crois un peu d'espagnol, mais je pense qu'il faudra partir bientôt pour Pérote. Le général Bazaine arrive demain. Nous sommes de la 2ᵉ division qui était au général Lorencez, mais tout cela est mêlé et le général Bazaine vient diriger la colonne qui, de Jalapa, doit aller sur Puebla, pendant que le général Forey s'y rendra d'Orizaba.

Tenextepec, 25 décembre 1862.

Il y a déjà longtemps que j'ai l'intention de t'écrire, mais, jusqu'à présent je n'avais pas encore pu trouver le temps de le faire, ou bien j'étais si mal installé que je n'en avais pas le courage.

Aujourd'hui que je suis dans une hacienda à 10 kilomètres en avant de Perote, commandant un détachement de deux compagnies, je vais réparer le temps perdu et tu ne perdras rien pour avoir un peu attendu.

..... La dernière fois que j'ai pris la plume à ton intention, nous étions avec la brigade de Bertier campés sous Jalapa. Nous sommes immédiatement rentrés en ville et nous avons été occuper les maisons de ceux qui avaient fui à notre approche. Nous n'étions réellement pas trop mal. Jalapa est une grande ville où nous trouvions tout ce dont nous avions besoin.

Assez souvent nous faisions des reconnaissances aux environs, mais nous n'avons jamais eu le moindre engagement. Notre séjour à Jalapa a été fort long puisque nous ne l'avons quittée que le 16 décembre. La raison de cette longue station est l'immense difficulté des approvisionnements. Aussi y avait-il tous les jours des troupes sur la route de Puente Nacional, pour aller chercher et ramener des convois. Nous avons eu aussi notre urto et même, notre corvée a été plus longue que celle des autres puisque nous avons poussé jusqu'à San-Juan, tête du chemin de fer de Vera-Cruz. Nous avons été absents douze jours en tout. Cette réapparition dans les terres chaudes ne m'a nullement éprouvé. Cependant la chaleur était encore suffocante, puisque je me baignais tous les jours, en arrivant au camp, du moins jusqu'à mi-corps et que, pour la nuit, j'étais sans chemise, avec un simple gilet de flanelle, pouvant à peine supporter mon drap sur moi. C'était cependant au mois de décembre. Nous avons retrouvé avec plaisir le bon climat de Jalapa qui passe, du reste pour le le lieu le plus admirable de tout le Mexique.

Nous n'y sommes restés que quelques jours. Le général Bazaine, bien qu'il ne soit pas notre général de division, est venu de Vera-Cruz avec des troupes, se mettre à notre tête et nous porter en avant.

Nous avons quitté Jalapa le 16 décembre. Il s'agissait de gravir les montagnes jusqu'à une hauteur de 2,800 mètres, puis redescendre un peu et nous trouver sur le grand plateau du Mexique qui est, en moyenne à 2,300 ou 2,400 mètres au-dessus du niveau de la mer. Notre première station a été San-Miguel Soltado. Le 17, nous avons quitté San-Miguel et nous avons été sans coup férir jusqu'à La Hoya qui est le point le plus élevé de la chaîne. De La Hoya, il s'agissait de pousser le même jour jusqu'à Las Vignas. Nous étions au sommet des montagnes, au milieu des nuages et des rochers, c'était fort beau. On s'attendait à rencontrer l'ennemi : notre bataillon était d'avant-garde, la 5$_e$ compagnie d'extrême avant-garde. Le général Bazaine, avec son état-major, marchait derrière elle. Tout d'un coup, à un tournant de la route, l'Etat-Major du général reçoit une décharge qui blesse deux hommes de l'escorte et un des capitaines de son Etat-Major, nommé Fourgues. Ce malheureux a une balle dans la tête et est considéré par tous les médecins comme perdu.

Immédiatement le général lance la compagnie d'avant-garde à la poursuite de l'ennemi, qui comme d'habitude se met aussitôt en retraite.

Nous entendons la fusillade à mesure que nous avançons dans le chemin fort étroit et bordé de bois et de rochers. Arrivée à hauteur du général, chaque compagnie était lancée, soit à droite, soit à gauche à la poursuite de l'ennemi. Mais, peine inutile ! Malgré des prodiges de vélocité, dans un terrain aussi difficile, nous ne pûmes le cerner et nous lui tuâmes seulement plusieurs hommes. Notre bataillon n'eut que trois blessés, tous de la 5$_e$ compagnie.

Les nuages, du reste, empêchèrent bientôt la poursuite et nous arrivâmes, par une pluie battante, à Las Vignas, qui était complètement abandonné.

Le lendemain 18, nous partîmes de grand matin, toujours par une pluie battante, pour continuer notre route. On signalait toujours l'ennemi, mais il faisait un tel brouillard qu'on ne voyait pas à deux pas devant soi. Le chemin était affreux et nous étions trempés jusqu'aux os. Enfin nous finîmes par déboucher dans une belle plaine, parsemée de bois et de sapins. On entend encore la fusillade, mais aujourd'hui ce sont les zouaves qui sont d'avant-garde. Nous hâtons cependant le pas, à tout hasard. A mesure que nous débouchions, on faisait former les pelotons, la fusillade continuait toujours, mais le brouillard nous empêchait de rien distinguer. Nous rencontrons deux blessés ennemis, un tué; sera-ce donc un vrai combat? Nous commençons à l'espérer. Le général assigne à chacun sa place. Ma compagnie a la garde des pièces d'artillerie. Le brouillard se dissipe enfin : nous apercevons les zouaves déployés en tirailleurs à notre droite et en avant. Devant nous est un gros village; c'est Cerro-Leone. Quelques compagnies du bataillon vont l'occuper au pas de course et n'y trouvent qu'un seul guérilla qui, probablement, voulait mourir puisqu'il tire à bout portant sur un caporal, dans une chambre, le manque et se fait enfiler par la baïonnette d'un sergent, qui se trouvait avec le caporal.

Cependant la fusillade durait toujours à droite. On appelle l'artillerie, elle se met en route au galop, nous la suivons au pas de course. Nous allons donc combattre aussi! Espérance vaine, nous nous arrêtons bientôt, le feu cesse peu à peu, les tirailleurs se replient sur les bataillons de soutien. On a renoncé à poursuivre l'ennemi qui s'est retiré dans les bois. Nous rentrons camper à Cerro-Leone. On m'a dit qu'il n'y avait que trois ou quatre blessés de notre côté, mais que l'ennemi avait perdu assez de monde.

Les voilà donc ces combats des mexicains ! Cerro-Gardo, Las Vignas, Cerro-Leone. Tout cela se vaut. L'ennemi ne tient pas devant nos troupes et, à sa place, j'aimerais mieux ne rien défendre du tout, que de faire ces simulacres de défense. On dit qu'ils nous attendent à Puebla ! Nous verrons bien.

Le lendemain 19, nous sommes partis pour Perote, qui n'est qu'à 6 kilomètres de Cerro-Leone. Perote nous a bien accueillis, mais c'est laid et triste. Il y fait un vent qui soulève une poussière insupportable. Il n'y fait généralement pas chaud, et Pérote passe pour l'endroit le plus désagréable de la république. Il y a là le plus beau château-fort que j'ai vu de ma vie. Les Mexicains ont essayé de le faire sauter et de le brûler, mais ils n'y ont réussi qu'en partie. Nos zouaves l'occupent. On va y faire quelques travaux d'appropriation et nous y laisserons nos malades avec une garnison, quand nous nous porterons en avant.

On dit que ce sera dans une quinzaine de jours. Pour le moment, nous allons faire des reconnaissances. L'ennemi est, dit-on, à 26 kilomètres de nous, à Tepeyahualco. L'hacienda, c'est-à-dire la ferme que j'occupe avec deux compagnies est, par conséquent, à 16 kilomètres de Tepeyahualco. Nous sommes, pour le moment, les plus en avant. C'est ici que se trouvent toutes les farines sur lesquelles on compte pour notre approvisionnement.

Nous sommes fort bien installés, en état de résister à toute l'armée mexicaine. Pour ma part, je suis content de commander ce petit détachement. J'ai cinq officiers sous mes ordres, un médecin et plus de deux cents hommes. C'est la première fois que cela m'arrive, il faut me le pardonner.

27 décembre.

...Je suis très heureux de mon sort, la vie de campagne me plaît énormément et l'ennemi ne m'a pas encore visité. C'est ici le moment de te parler de mon bataillon et de ma compagnie comme tu me le demandes. Mon bataillon est un excellent bataillon ; on y vit fort heureux bien que le commandant soit un peu embêtant. Ce n'est pas sa sévérité que je lui reproche, car sans cela on ne peut pas bien tenir un corps; mais il n'est jamais de bonne humeur, n'a jamais une parole aimable à dire à personne et traite les soldats avec beaucoup trop de dureté. Mes camarades qui — ils me l'ont dit depuis, — ne m'avaient pas vu venir d'un très bon œil, sont tous très gentils pour moi. Mais, en campagne, on vit surtout avec son lieutenant et son sous-lieutenant. C'est donc d'eux que je dois te parler le plus. Mon lieutenant, M. A..., est un très bon officier, d'un esprit peut-être un peu étroit, mais enfin faisant très bien son service. Son caractère est moins agréable : il est froid et susceptible, et, de plus, enrage de ne pas être encore capitaine, depuis cinq ans qu'il est proposé, avec le numéro 1. Je crois encore qu'il pose un peu pour l'homme ne demandant jamais rien et attendant tout de son propre mérite. De plus, il est marié, ce qui doit encore influer sur son caractère. Nous ne sympathisons pas beaucoup ensemble. Je me suis même cru obligé de le mettre quatre jours aux arrêts, pour une réponse assez inconvenante, qu'il m'avait faite sous les armes, le jour du combat de Las Vignas. Maintenant cela va assez bien. Du reste, je vais le perdre incessamment, car il va certainement passer capitaine. Je perdrai très probablement au change, comme officier, mais je peux y gagner comme camarade. Je peux y perdre aussi car, en somme, il est bien élevé. Espérons que j'y gagnerai.

Quant à mon sous-lieutenant, M. G..., il ne s'occupe pas de grand'chose, mais c'est un peu l'histoire de tous les sous-lieutenants. En revanche, c'est un bon garçon, instruit et, parfois, assez gai. Il ne lui manque que l'enveloppe ; il est un peu paysan et dans ses allures et dans sa manière de vous parler ; mais, une fois qu'on y est fait, cela passe. Je suis très content de ma compagnie ; je l'ai trouvée pleine d'entrain et d'ardeur, toutes les fois qu'il a été question d'aller au feu, et je ne doute pas que le jour où il faudra donner un coup de collier vigoureux, cela ne soit encore ainsi. Ce sont de braves gens et je ne vois parmi eux que deux mauvais sujets, dont on ne puisse rien faire. Pour le moment, ils ont chacun soixante jours de prison. Tu vois que je ne les ménage pas.

Tu me fais aussi d'autres questions auxquelles je vais répondre. Je suis de la 2ᵉ brigade, général de Bertier, de la 2ᵉ division, qui était commandée par le général de Lorencez et qui l'est maintenant je ne sais pas encore par qui. Dans ce moment, notre brigade est réunie à quelques autres troupes et sous le commandement du général Bazaine, de la 1ʳᵉ division.

. . . .

30 décembre.

Nous venons d'être très surpris par un ordre du général Forey qui semble indiquer qu'il y aurait eu, du côté d'Orizaba, des désertions provoquées par des écrits de l'ennemi. Rien de semblable ne s'est produit dans notre petit corps d'armée et je pense que cela a dû être très peu de chose dans l'autre. C'est la première fois que je vois un général en chef mettre cela à l'ordre. Ne trouves-tu pas que son style n'est pas brillant? Je ne sais combien de temps nous resterons à Perote, mais le caporalisme reprend un peu. On nous fait reprendre les exercices, principalement les carrés et les ralliements, en tirailleurs, sous prétexte que nous aurons à résister à une cavalerie nombreuse. On fait également faire des théories sur le service de l'infanterie dans les sièges. Penserait-on, par hasard, faire celui de Puebla.

. . . .

1er janvier 1863.

... Maintenant, mes chères petites nièces, vous croyez peut-être que votre oncle au Mexique se nourrit de racines et boit de l'eau saumâtre, n'ayant pas le filtre de votre oncle A..... Vous vous trompez grandement, aussi vais-je vous faire la carte du festin de ce soir, pour vous édifier à ce sujet : 1° le potage au riz et aux légumes ; 2° le bœuf au naturel ; 3° les légumes au naturel ; 4° le gigot de mouton braisé aux haricots ; 5° la dinde rôtie (non truffée) ; 6° la salade de pommes de terre aux anchois et aux œufs. Hors-d'œuvres : sardines, cornichons, saucisson de Lyon. Desserts : Fromage, oranges, bananes, ananas, confitures de goyaves. Vin ordinaire, c'est-à-dire eau coupée avec de l'agua ardente, une bouteille de Xérès, trois bouteilles de Bordeaux. Café, liqueurs. Le repas, réellement pantagruélique, est destiné à célébrer le renouvellement de l'année. Nous y avons convié nos deux sergents-majors et le sergent le plus ancien de chaque compagnie. Nous avons en outre fait cadeau aux sous-officiers de nos deux compagnies, pour leurs étrennes, d'un mouton tout entier.

Je vous prie de croire que notre ordinaire est plus modeste. Nous sommes souvent privés de vin et je crois que nous le serons toujours à l'avenir, nous buvons de l'eau et du thé ou de l'eau et de l'agua ardente (mauvaise eau-de-vie du pays). Le vin, que l'on trouve en petite quantité au Mexique, est d'abord mauvais et, ensuite, hors de prix. On ne peut s'en payer que dans les grandes occasions.

On dit qu'on va abandonner la route de Jalapa et, par conséquent, reployer sur nous tous les postes que nous avions laissés derrière nous. On parle de départ, environ pour le 6 janvier, mais cette date nous paraît bien rapprochée. On a trouvé, près de Perote, une immense cachette de blé, on dit que l'administration en a pour soixante-quinze jours. Le pauvre capitaine d'état-major est mort. On l'a enterré hier, à Perote.

2 janvier 1863.

...Les derniers bruits sont que l'ennemi aurait évacué Puebla et se serait retiré sur Mexico. On dit aussi que nous sommes encore ici pour un mois et demi. Je donne ces bruits pour ce qu'ils valent, c'est-à-dire pour pas grand'chose...

Unscantla, 18 janvier 1863.

Nous avons quitté Tenextepec le 7 de ce mois pour faire notre jonction avec la partie de l'armée, qui a pris la route d'Orizaba. Nous n'avons eu que trois jours de marche, mais ce sont certes les plus pénibles, depuis notre arrivée au Mexique. Nous marchions dans un sable mouvant, ce qui est horriblement pénible et en outre les étapes étaient longues. Nous ne sommes arrivés à notre camp, le deuxième jour, qu'à dix heures et demie du soir, et le troisième qu'à sept heures et demie. Nous étions partis les deux fois avant le jour.

Unscantla est une hacienda aux environs de San-Andrès. Toute la plaine où est située cette ville, est couverte d'haciendas dans lesquelles on a disséminé toutes les troupes. Nous sommes maintenant réunis à notre division, qui est la deuxième et est commandée par le général Douay. La ville de San-Andrès qui est à trois lieues de nous, est une assez jolie ville, pour le Mexique. Les troupes qui s'y trouvent y sont fort bien, et sont au mieux avec les habitants. J'ai été tout étonné d'apprendre que les jeunes gens y avaient offert un bal aux officiers. Ce bal vient de leur être rendu et nous y avons été invités. Rien ne peut te donner une idée de la touche des signoras qui en faisaient le plus bel ornement. Il y en avait tout au plus deux de passables et une seule qui ne fut pas grotesquement fagotée. De plus, elles dansent toutes en dépit du sens commun, ou mieux du sens musical. Je n'ai voulu me risquer qu'à inviter la reine du bal et j'ai obtenu une polka qu'il m'a fallu partager avec quatre autres prétendants. Du reste, j'en ai eu vite assez car, si la senora l'emportait sur ses compagnes, pour la beauté et la toilette, elle était à leur niveau pour la manière de danser. La partie matérielle était par exemple très soignée : les salons avaient été fort bien arrangés, le buffet était bien garni et le souper m'a paru excellent J'y ai fait fort honneur vers les cinq heures du matin.

Le colonel L'Hériller du 99ᵉ, chez lequel le bal avait lieu, se donnait un mal énorme pour en faire les honneurs, pensant mettre en pratique la politique de la France et planer en général en chef. M. La Ferronnays, capitaine aux chasseurs d'Afrique, le mari de Mˡˡᵉ du Nogué, était spécialement chargé du buffet et du souper et s'acquittait de ses importantes fonctions avec un zèle et une bonhomie qui lui ont conquis de suite mon estime. Il paraît que c'est un charmant garçon. Le pauvre diable voudrait bien seulement que la campagne fut terminée et je le conçois sans peine.

Nous sommes juste au pied du pic d'Orizaba qui nous procure un point de vue magnifique, mais le pays n'est pas beau. Il nous est toujours défendu d'aller nous promener isolément, quoique les routes me semblent ici assez sûres.

Le commandant m'ayant dit qu'il autorisait les capitaines à se monter, je viens d'acheter un cheval, mais je ne puis pas trouver de selle et je suis forcé d'en emprunter une, de côté et d'autre, toutes les fois que je veux monter. J'espère que cette situation désagréable ne se prolongera pas trop longtemps.

Nous ne comprenons pas trop l'inaction du général Forey à Orizaba. Jusqu'à présent il ne se montre guère supérieur au général Lorencez. A ce propos, je te dirai que ce dernier était adoré de ses troupes ; qu'il a été vivement regretté et qu'on ne tarit pas d'éloges sur son compte. J'ai été heureux de voir sur les lieux apprécier la conduite de ce général comme je l'avais fait en France sur la lecture de ses rapports. Contrairement à ce qu'on était habitué à voir, on ne parle dans cette campagne, du moins jusqu'à présent, que de la cavalerie et fort peu de l'infanterie. La cavalerie a en effet beaucoup plus à faire contre des gens qui ne savent que fuir, que la pauvre infanterie ; mais l'opinion générale

ici est qu'on exulte trop les quelques coups de sabre
que les cavaliers parviennent à donner aux fuyards,
et qu'on oublie trop que les fantassins sont là,
sac au dos et au pas gymnastique, à toutes les
affaires.

19 janvier.

Nous rentrons d'une reconnaissance à quatre
heures d'ici. La journée a été dure, nous avons été
trempés au retour; mais nous n'avons, comme
d'habitude, trouvé personne.....

Hacienda de San-Juan Baptista, 20 février 1863.

.... Quant à moi, je n'ai rien à te raconter de
nouveau. Nous continuons à pourrir dans l'inaction la plus complète, et les jours, ou plutôt les
nuits où l'on nous dérange, c'est toujours en pure
perte. Il n'y a pas trois jours encore qu'on nous a fait
prendre les armes à trois heures du matin, qu'on
nous a fait partir en toute hâte à trois lieues, pour
arrêter Comonfort, qui devait nous attaquer! Nous
sommes revenus éreintés à midi, sans avoir rencontré personne. C'était le mardi gras!

26 Février.

.....Ici la situation est toujours la même Nous sommes cependant sur le point de marcher en avant, comme nous l'apprennent les proclamations du général en chef. On dit que ce sera pour les premiers jours de mars et qu'ensuite nous ne nous arrêterons plus jusqu'à Mexico.

Il y a, dans ma brigade, un lieutenant de vaisseau, nommé Detroyat, attaché à l'état-major du général de Bertier, qui m'a chargé de mille choses pour ton mari et des compliments pour toi. Il m'a dit t'avoir été présenté par ton mari, au bal du ministère des affaires étrangères. C'est en parcourant mon album de photographies, qu'il s'est arrêté sur ton portrait et qu'il s'est écrié : je connais cette dame ! Il paraît que tu avais fait une forte impression sur lui.

Il a une sœur mariée à un des riches négociants de Mexico et parle très bien espagnol. C'est ce qui explique sa position à notre brigade.

Hacienda de San-Juan, 26 février 1863.

.....J'espère être à Puebla à ce moment, car notre inaction commence à toucher à sa fin et le général en chef nous a dit dans sa proclamation de repren-

5

dre nos armes, d'être terribles dans le combat, humains après la victoire ! Dans une autre, il dit que ceux d'entre nous, qui n'auront pas payé de leur vie la grande œuvre de la régénération du Mexique, retourneront s'embarquer à Vera-Cruz, sur les vaisseaux de la France. S'il faut régénérer le Mexique avant de le quitter, je crois que nous serons tous morts de vieillesse à ce moment-là, ce qui simplifiera singulièrement la question pour les vaisseaux de la France.

Quoiqu'il en soit, on dit que nous devons entrer à Puebla, pour le 16 mars, anniversaire de la naissance du Prince impérial. Seulement comment y entrerons-nous, voilà la question ? Il paraît que les Mexicains s'y sont très bien fortifiés. Le temps ne leur a pas manqué pour cela, les uns prétendent qu'il n'y aura pas de résistance, les autres en prédisent un peu ; mais les plus indulgents pour les Mexicains ne s'attendent pas à plus de six jours de siège. L'avenir décidera.

Ma première lettre sera donc datée de Puebla, à moins que nous ne soyons de ceux qui, dit-on, tourneront par Taucaba. Avant-hier nous avons fait une longue et fatigante reconnaissance jusqu'à Acajete, qui n'est qu'à sept lieues de Puebla. Partis à cinq heures et demie du matin, nous n'étions de retour qu'à six heures du soir, après avoir fait onze lieues. Il faisait un soleil extrêmement chaud. Maintenant les nuits ne sont plus très froides et les jours sont de plus en plus chauds.

Nous appelons tous de tous nos vœux le moment
d'entrer en action, car nous avons par-dessus la
tête de la vie des haciendas. Nous n'avons du reste
jamais été si mal que dans celle-ci ; dans la
chambre où je suis nous sommes entassés dix !
Malgré sa gaieté et sa bonne humeur, il y a des
moments où cette vie en commun est insupportable et on en arrive à regretter parfois sa tente,
où l'on gèle la nuit, où l'on ne peut pas se tenir le
jour, mais où, au moins, l'on est seul, quand on
est capitaine. Personnellement, je suis un de ceux
qui souffrent le moins, parce que je suis toujours
de bonne humeur. Il n'y a que le soir quand j'entends ronfler et que je ne puis pas m'endormir,
que je maudis la vie en commun. . . . .

..... Nous ne toucherons pas nos appointements
ce mois-ci, le payeur n'ayant pas d'argent.

Devant Puebla, 23 mars 1863.

..... Nous sommes arrivés eu vue de Puebla,
comme je le faisais pressentir dans ma dernière
lettre, le 16 mars à 3 heures du soir. Nous étions
sur une hauteur; la ville de Puebla s'étendait à
nos pieds, avec les tours, les cloches, les dômes
dorés de ses nombreuses églises. A droite, nous
apercevions distinctement le fort de Guadalupe,

sur lequel nous voyons flotter le drapeau Mexicain. Au fond, se dressait le gigantesque Popocatepelt et la montagne de la femme blanche, tous deux couverts de neige. C'était un beau spectacle.

Le général Bazaine, sous les ordres définitifs duquel nous sommes maintenant, comme tu sais, lança immédiatement notre bataillon sur l'hacienda de Los Alamos, située au pied de la hauteur, dans la plaine, à 3,600 mètres des forts de la place. On y voyait de la cavalerie et on s'attendait à la trouver défendue par de l'infanterie et quelques pièces d'artillerie, mais il n'en fut rien. La cavalerie partit à notre approche et notre bataillon s'établit dans l'hacienda sans coup férir.

Pour toute défense, les Mexicains se contentèrent de joncher le sol de leurs proclamations, invitant les Français à déserter et leur citant les lettres des déserteurs au président Juarès, pour le remercier de l'accueil qui leur avait été fait. Pour notre honneur, je me hâte d'ajouter que je n'ai entendu dire que personne ait déserté, depuis notre arrivée sous le canon de Puebla.

Le lendemain, 17 mars, la journée fut employée à des reconnaissances du côté Sud-Ouest de la ville et à un travail pour prendre de flanc des collines praticables à l'artillerie et aux équipages. Mon bataillon et ma compagnie prirent part aux unes comme aux autres. Les Mexicains ne parurent pas.

Le 18, toute ou presque toute notre division, partit de grand matin pour commencer un grand mouvement tournant autour de la place, vers le Sud. Nous suivîmes l'espèce de route à laquelle nous avions travaillé la veille. On nous plaça en position sur le mamelon où nous restâmes une grande partie de la journée, pendant que le convoi et le parc d'artillerie défilaient derrière nous. L'ennemi avait devant nous de la cavalerie dont les vedettes nous envoyaient des balles, auxquelles nous ne répondions pas. Au loin nous apercevions le côté sud de la ville, défendu par trois forts, Saint-Xavier, le Parral et Carmen, et comme fond du tableau, la Sierra Maluiche.

Tu me demandes, mon cher A....., l'effet que me produit le sifflement des balles et tu sembles croire que j'ai reçu, à Cerro-Gardo, le baptême du feu. Tu oublies, cher frère, que c'est en Crimée que je l'ai reçu, ce baptême, aux avant-postes où j'ai certes entendu plus de balles, de boulets, de bombes et d'obus que je n'en ai encore entendu au Mexique. Remarque que je ne dis pas que je n'en entendrai. Seulement, c'est à Cerro-Gardo que j'ai marché pour la première fois à l'ennemi et que je me suis élancé, à la tête de mes hommes, pour enlever une position. Au moment où l'on m'a commandé de marcher en avant, j'ai eu un instant d'émotion, mais un seul instant : puis, je n'y pensai plus. Je crois que ce sera toutes les fois comme cela.

Je ferme ma parenthèse et je reprends ma narration.

Une fois que le convoi eut défilé, on nous fit former en échelons dans la plaine, on fit jouer les musiques, battre les tambours, sonner les clairons, pour attirer sans doute, l'attention des Mexicains et, nous nous dirigeâmes ainsi vers l'hacienda de San Bartholo, où nous campâmes. Une plaine de cinq kilomètres de longueur nous séparait alors des forts, dont je t'ai donné les noms plus haut.

Le lendemain 19, nous allâmes prendre position en avant pour soutenir une grande reconnaissance de cavalerie et donner la main au général Douay qui avait dû tourner la ville par le Nord et s'emparer de la hauteur et du couvent de San Juan à l'Est. Pendant que nous étions en position, une grande quantité d'Indiens vinrent à nous et nous donnèrent sur la place et ses défenses, tous les renseignements qu'ils avaient, sinon tous ceux que nous pouvions désirer.

Le soir, à cinq heures, nous décampions de San Bartholo et nous allions camper, à la nuit, à l'hacienda de Majorasco, à 3,000 mètres de la place. Nous y sommes restés deux jours, à faire des reconnaissances, à envoyer et à recevoir quelques coups de fusils. Enfin, le 22, au matin, nous sommes venus sur les positions que nous occupons maintenant et qui semblaient devoir être nos positions pendant le siège. Ma compagnie est dans l'hacienda de Populo, à environ deux mille mètres des forts Parral et Carmen. L'ennemi nous tire quelques coups de canon : les boulets et les obus arrivent parfaitement jusqu'à nous. Nos tirailleurs se fusillent avec les vedettes ennemies, qui sont constamment dans des arbres, à notre droite : beaucoup de balles passent par dessus les murs des cours et on les entend siffler.

. Le propriétaire de notre hacienda est un vieux Français que je ne pourrais mieux te dépeindre qu'en te disant qu'il a l'air d'un vieux notaire qui a voulu spéculer sur les fonds de ses clients. Il habite toujours ici avec sa femme, sa fille, son gendre et ses petits-enfants et n'a pas l'air de se soucier beaucoup des boulets. Il me disait hier soir qu'au Mexique un siège était une chose très commune et qu'on n'y faisait plus attention. . . . . . .

Si jamais j'ai à ordonner de conduire des troupes au combat, ce sera toujours quand elles seront bien éveillées et qu'elles auront le ventre rempli. Un homme débarbouillé et l'estomac suffisamment garni a dix fois plus de courage qu'un homme surpris au saut du lit et à jeun.

Ces réflexions me sont suggérées par ce qui m'est arrivé ce matin, à moi, qui ne désire rien tant qu'un bon petit engagement avec ma compagnie. Voici le fait : je dormais péniblement, tout habillé, bien entendu, et je faisais des rêves dorés, lorsque, vers quatre heures du matin, mon commandant vint me faire sortir de ma tente, pour aller avec ma compagnie soutenir une attaque qu'une compagnie devait faire à l'église San Balthasar. Or, il faut te dire que cette église passe pour être très bien défendue et pour avoir résisté hier à l'attaque de deux compagnies de voltigeurs du 51⁰. J'avoue que je n'étais pas transporté de joie à cette nouvelle. Je me disais : nous sommes très peu nombreux, nous perdrons beaucoup de monde. J'avais froid au ventre, car c'est l'impression qu'on éprouve en sortant de sa tente, la nuit. J'y allais, mais pas gaîment. Une fois bien réveillé, mon café pris, bien réchauffé, je n'étais plus le même homme et j'y allais déjà de bon cœur. En fin de compte, le commandant s'était trompé. Il s'agissait d'une maison bien en avant de l'église, qui fut occupée sans résistance.

Je ne sais si ma longue lettre et tous les détails qu'elle contient trouveront grâce devant toi. C'est une espèce de journal depuis notre arrivée devant Puebla. Cette manière d'écrire me plaît beaucoup et je crois que je vais l'adopter tant que nous serons devant Puebla et que nous opérerons. Au moins, comme cela on ne risque pas d'oublier le moindre fait et l'on n'est pas surpris par le départ du courrier, avec beaucoup de choses a raconter et pas ou peu de temps à soi.

28 mars.

On a ouvert la tranchée, le 23 au soir, devant la batterie du Pénitencier, faisant partie du fort Saint-Xavier.

Les Mexicains se défendent très bien derrière leurs murs et sous la protection de leurs canons. Leur feu est vif et bien dirigé. Nos pertes sont cependant assez peu sensibles, eu égard, du moins, à ce qu'elles pourraient être. Mon tour n'est point encore arrivé d'aller à la tranchée, mais je suis le premier à reprendre et ce sera probablement pour ce soir ou demain. Le général en chef s'est un peu trop pressé de faire *avant-hier* un ordre où il dit que la savante artillerie française a fait taire le feu du Pénitencier et que le moment est arrivé de réduire cette arrogante cité de Puebla et de montrer ce que vaut cette moderne Saragosse. Or, depuis que cet ordre a paru, les Mexicains tirent plus que jamais ! Il y a des gens aussi qui voient tout en noir et qui commencent à crier contre l'artillerie et contre l'incapacité de tout le monde. Je te fais grâce de leurs ragots. Ce qu'il y a de certain, c'est que l'ennemi se défend beaucoup mieux qu'on ne s'y attendait et que ne semblait devoir le faire présumer sa conduite depuis Vera-Cruz. Pour ma part, je tâche de me garder d'une trop grande confiance, comme d'un découragement exagéré. Si le morceau est plus dur à avaler qu'on ne le croyait, nous n'en aurons que plus de gloire à réussir. On dit que la route est coupée derrière nous : nous n'avons pas notre courrier. C'est pénible, mais qu'y faire ?

Devant Puebla, 31 mars 1863.

Je descends ce matin la garde de tranchée, où je suis depuis trente-six heures (un jour et deux nuits) et l'on nous prévient que le courrier sera ramassé à quatre heures. Je t'avoue que je suis rompu de fatigue et bien peu en train d'écrire.....

On a donné l'assaut au Pénitencier le 29 mars à cinq heures du soir. On a choisi, avec justice, le 1er bataillon de chasseurs et un bataillon du 2e de zouaves, les deux bataillons qui avaient été repoussés le 5 mai dernier à l'attaque de Guadalupe. Quant à moi, je commandais cette nuit un détachement de quatre-vingt-dix travailleurs, et j'entrais dans la tranchée juste au moment où l'assaut se donnait. C'était la première fois que j'entrais dans les tranchées et, pour mon début, j'ai eu le spectacle le plus fait pour émouvoir et pour frapper l'imagination. Le feu le plus épouvantable résonnait de part et d'autre. Nous croisons les civières qui emportaient les officiers blessés; presque tous étaient de ma connaissance. Les autres blessés étaient laissés provisoirement à terre. Ma mission était d'établir le plus promptement possible une large communication entre la parallèle et les fossés de l'ouvrage emporté, puis de couvrir le plus promptement les vainqueurs contre les projectiles de l'ennemi.

Nous avons travaillé toute la nuit sous le feu le plus épouvantable; sans exagération, nous avions perpétuellement au-dessus de nos têtes un projectile qui sifflait. Boulets, bombes, obus, mitraille, balles, nous avons reçu de tout. Cela venait de devant, de derrière; on aurait dit qu'on jouait au-dessus de nos têtes, avec un infernal volant. Eh bien! je n'ai cependant eu, dans mon détachement, qu'un tué et deux blessés, grâce à l'ardeur avec laquelle on a travaillé!

On demande ma lettre à l'instant. J'écrirai en repos le récit en détail de cette nuit, que je n'oublierai jamais. Je me porte à merveile et j'ai bon courage. .   .   .   .

Devant Puebla, 2 avril 1863.

Le courrier a encore été retardé et j'ai le temps de te dire que je me porte toujours parfaitement. Mais je ne puis t'en dire plus long, car je tombe de fatigue; nous descendons encore de garde de tranchée! De sorte que, sur quatre nuits, j'en ai passé trois à la tranchée et sur trois jours, deux. Il n'y a rien d'éreintant comme cette guerre de siège. Puebla se défend toujours; on chemine de maison en maison .   .   .   .

Devant Puebla, 13 avril 1863.

Depuis mes dernières lettres, notre situation ne s'est pas améliorée. J'écrivais que nous cheminions de maison en maison; c'est de carré en carré que j'aurais dû dire, car la ville de Puebla est traversée par des rues droites et perpendiculaires entre elles, qui la divisent en une infinité de petits carrés. Nous avons bien réussi dans nos deux premières attaques et nous nous sommes emparés de trois ou quatre de ces carrés, mais là se sont bornés nos succès. Tous nos efforts sont venus se briser contre les suivants, que nous avons attaqués à trois jours différents; nous avons été forcés de battre en retraite, après avoir éprouvé de grosses pertes. Pouvait-il en être autrement? Le canon fait une brèche; nos soldats se précipitent et tombent dans des chambres où ils ne trouvent personne, mais où tous les murs sont crénelés, les plafonds percés; les créneaux ne laissent voir que le bout des fusils; par les trous des plafonds pleuvent des grenades! Les baïonnettes, dont nos soldats savent si bien se servir, sont impuissantes à renverser des murailles.

Mon bataillon n'a été heureusement d'aucune de de ces attaques infructueuses, qui coûtent la vie à bien des braves gens et n'ont d'autre résultat que d'affaiblir un corps et de lui enlever la confiance. C'est la chance qui l'a voulu, car nous avons été tous les trois jours de garde de tranchée (deux nuits dans notre lit, la troisième à la tranchée).

15 avril.

Nous n'avons encore subi que peu de pertes, cependant, dans ma compagnie, mon lieutenant et mon sergent ont été blessés légèrement par des éclats d'obus; un caporal a été des plus gravement atteint à l'épaule par un éclat d'obus et succombera probablement; un chasseur a été broyé par un boulet de canon.

Dans le détachement de travailleurs que je commandais, la nuit de la prise du Pénitencier, j'ai eu en outre, comme je l'ai écrit à ***, un homme tué et deux blessés.

Le matin de cette nuit, au moment où, le travail étant fini, j'allais emmener mes hommes, on nous a imposé une bien triste corvée, celle d'enlever les blessés mexicains qui encombraient les cours du Pénitencier. Tu ne peux te faire une idée de l'aspect repoussant de tous ces malheureux ! Presque nus, à moitié brûlés, les chairs des pieds, des mains, des jambes, soulevées et pendantes ! Ils étaient restés là toute la nuit pêle-mêle avec les morts et

c'était sur les uns et les autres que j'avais trébuché
en parcourant pendant la nuit, ces cours nauséa-
bondes !

Après avoir hésité longtemps et convoqué conseil
de guerre sur conseil de guerre, le général en chef
s'est enfin décidé à charger le général Douay et la
2ᵉ division de l'attaque de gauche et le général
Bazaine et la 1ʳᵉ division de ce que l'on va appeler
les attaques de droite. Nous avons donc à cet effet
changé de camp hier et nous avons appuyé un
peu à droite, à un lieu appelé la Téja. Les boulets et les obus arrivent un peu mieux dans notre
nouveau camp que dans l'ancien. Que va-t-on attaquer à droite ? On n'en sait rien et jusqu'à présent,
on change d'avis tous les jours.

Nous sommes dans une situation assez difficile,
en ce sens que nous manquons de moyens pour
faire taire l'artillerie ennemie, très nombreuse et
très bien approvisionnée, la nôtre étant, au contraire, très peu nombreuse et nos approvisionnements très limités. Le pauvre général Laumière,
qui la commandait, est mort, comme tu sais ; j'ai
croisé le brancard sur lequel on l'emportait, en
entrant dans la tranchée le 29 mars. Le général en
chef, qui est décidément une grande incapacité, ne
se montre pas, ne donne pas d'ordres, chacun
commande, c'est-à-dire personne ne commande.

On commence à se décourager, à crier, notre commandant en tête. En voilà encore un, excellent en
garnison et qui en campagne n'a aucune qualité,

pas même la bravoure. Il fait le plus grand tort à notre bataillon, parce qu'il est très mal vu de nos généraux. Il ne fait récompenser personne, pas même les blessés et est toujours, pour les officiers comme pour les soldats, de la plus grande malveillance.

Ne vas pas croire, d'après tout ce que je t'écris, que je sois triste et découragé. Je suis, au contraire, toujours gai et de bonne humeur et l'avenir ne m'effraie pas, parce que j'ai la conviction que nos baïonnettes finiront toujours par triompher de cette armée mexicaine, si arrogante derrière des murs.

Ortega fait certes une belle défense et à laquelle on était loin de s'attendre. Mais il faut considérer que c'est au prix de la ruine complète de Puebla.

Si tu voyais dans quel état est la portion de la ville que nous occupons. C'est navrant ! Tout est dévasté, renversé. On ne voit partout que des traces des boulets, des obus, des bombes et des balles ! Et il y avait des malheureux qui vivaient au milieu de tout cela, mais ils sont sortis presque tous, il y a quelques jours. On dit que tous les habitants riches ont quitté la ville et que ce n'est pas le Mexique qui défend son indépendance à Puebla, mais un parti qui se soucie d'autant moins de ruiner cette ville, qu'elle lui a toujours été opposée. L'avenir décidera. Je suis las de me fier aux on-dit, qui, au Mexique, jusqu'à présent, ne se sont pas encore trouvés d'accord avec la vérité.

19 Avril.

Le courrier va partir aujourd'hui, il faut donc que je ferme ma lettre. Voici les dernières nouvelles; le soir du 15, nous avons été interrompus dans notre dîner, par une fausse sortie de l'ennemi, accompagnée d'un feu de tous les diables de toute leur artillerie de la droite. Notre bataillon a tiraillé et, bien qu'abrité derrière des murs en pierres ou autres, nous avous eu une douzaine de blessés, dont un est mort le lendemain. Dans ma compagnie, j'en ai trois, dont un assez gravement. Je suis de garde dans ce moment à l'église San-Balthasar, nous tirons à balle sur l'ennemi; il nous répond par des boulets ou des obus. Il n'y a toujours rien de décidé pour de nouvelles attaques; on semble attendre que les Mexicains en aient assez.

Nous avons reçu avant hier deux courriers de France ! Ça à été pour nous une grande joie, car un mois sans nouvelles de son pays, dans une situation pareille à la nôtre, c'est long. Nous sommes du reste privés de bien des choses.

Je me porte toujours à merveille. Dieu m'a protégé jusqu'à présent et je n'ai pas eu la moindre égratignure : j'ai la ferme conviction qu'il continuera à me préserver jusqu'à la fin de la campagne, et c'est à vous tous qui priez tant pour moi, que j'en serai redevable, je le sais.

Puente de Tesmeluco, 29 mai 1863.

Notre brigade n'a pas eu longtemps le loisir de se promener dans Puebla. Nous sommes partis le 21 pour San-Martin, petite ville à neuf lieues de Puebla, sur la route de Mexico. Pour ma part, j'ai pu consacrer une après midi à la visite de Puebla; c'est une assez belle ville, mais elle était encore presque déserte et les boutiques commençaient à peine à se rouvrir. La cathédrale serait belle si elle n'était pas gâtée à l'intérieur par des constructions, du goût le plus détestable, qui en masquent toute la grandeur et la majesté. Quant à la mise en état de défense, elle était complète et généralement très bien entendue. Il est certain que si nous avions eu affaire à un ennemi plus sérieux, nous n'aurions pu prendre cette ville avec les faibles moyens dont nous disposons; mais je pense que, si les opérations avaient été mieux conduites, nous aurions dû triompher beaucoup plus tôt, n'ayant à combattre que des Mexicains. Aussi j'ai la conviction que si on avait fait soutenir le 1er régiment de zouaves, dans les deux attaques infructueuses, qui nous ont si fort étonnés, on aurait réussi, même au Cudre San-Inès qui était cependant bien fort et bien effrayant.

San-Martin, où nous sommes arrivés le 22, est un abominable trou, que nous avons quitté le 27 sans regrets. Cependant j'ai eu le plaisir d'y prendre un bain, ce que je n'avais pu faire, et pour cause, depuis Jalapa.

Puente de Tesmeluco est à trois lieues de San-Martin. C'est une position formidable, dans un pays magnifique, sur les premières pentes des montagnes qui séparent Puebla de Mexico. Les Mexicains y avaient fait des travaux de fortifications, mais, heureusement pour nous, ils n'ont pas jugé à propos de s'y défendre. Nous y sommes depuis deux jours. J'espère que nous ne tarderons pas à marcher sur Mexico, car voici les pluies torrentielles qui commencent. Nous en avons eu un échantillon hier et je te réponds qu'il ne fait pas bon alors sous la tente. Je me porte maintenant très bien et je ne me ressens plus du tout ni de ma fièvre ni de ma diarrhée.

Tout est hors de prix ici. Le vin, quand on en trouve, et quel vin ! coûte deux piastres le litre, c'est-à-dire 10 francs 74. J'en boirai cependant toutes les fois que j'en trouverai. Tu sais qu'on nous fournit le pain (qui est bon depuis deux mois), la viande, le sel, le riz, le café, le sucre ; notre popote nous a cependant coûté, le mois dernier, trente-deux piastres chacun ! Et cela va toujours en augmentant. Tu vois qu'on n'a pas tort de nous donner un supplément de solde.

Molino d'El Rey, 13 juin 1863.

Nous avons quitté Puente de Tesmelaco le 31 mai, formant toujours l'extrême avant-garde de l'armée. Nous avons traversé les magnifiques montagnes qui nous séparaient de la plaine de Mexico, par le défilé du Rio-Frio, à plus de 3,000 mètres au-dessus du niveau de la mer ; puis nous sommes redescendus et nous avons pénétré dans la plaine de Mexico. En approchant de cette ville, nous avons d'abord rencontré les envoyés Mexicains, qui se rendaient auprès du général en chef, pour le prier d'arriver le plus tôt possible à Mexico ; puis une grande quantité de Français qui venaient à cheval à notre rencontre et qui paraissaient bien heureux de nous voir, je t'assure. Notre bataillon devançant lui-même l'avant-garde, est arrivé le 4 juin à la porte de Mexico et y a campé ; te dire le monde qui a afflué à notre camp est impossible. Les Français nous ont apporté une collation à laquelle on a fait très honneur.

Le lendemain 5 juin, les trois premières compagnies de mon bataillon, la mienne par conséquent comprise, ont fait leur entrée dans la ville et sont venues s'installer au Palais National. Nous semblions l'objet de la sympathie et de la curiosité générales, étant la première troupe française entrée dans la ville. Il n'y a eu, cependant, que quelques cris isolés, à notre arrivée sur la place, de : Vivent les Français, vive la religion ! Il est vrai que notre arrivée était tout à fait inopinée et qu'on ne nous attendait pas, toute la division devant entrer le même jour. On n'avait fait exception pour nos trois compagnies, qu'à cause de la sûreté publique, qui n'était garantie que par des gardes allemande et française, formées spontanément après le départ de Juarès.

A peine installé, je me suis empressé d'aller faire un tour dans la ville. Elle est fort belle, très bien percée, on y voit une grande quantité de chevaux et de voitures, des magasins assez beaux, du luxe. Elle porte enfin le cachet d'une vraie capitale. La grande place, que j'avais considérée si longtemps dans le tableau, qui est chez A......, est vaste et belle. La cathédrale, qui en fait un des ornements, serait très remarquable, sans deux grands défauts ; les deux tours sont trop basses et l'écrasent un peu ; à l'intérieur, elle est, comme celle de Puebla, déshonorée par des constructions parantes, pour les orgues et le chapître. Il y a dans les autels assez de luxe et de richesse, mais j'aime encore mieux la cathédrale de Puebla.

Il nous était impossible les premiers jours de faire seul un pas dans la ville, les Français nous accablaient de politesses de toutes sortes, de poignées de mains. Ce sont sans doute des cordonniers, des calicots ou des coiffeurs, mais dans une telle circonstance, nous ne songions qu'à une seule chose, que nous étions tous Français!!!

Les femmes sont à Mexico d'une beauté remarquable : elles ont des yeux, des mains et des pieds, comme on n'en voit pas souvent. Songe qu'il y a neuf mois que nous n'avons vu de femmes dignes de ce nom et juge dans quel état nous sommes généralement tous. Le général Bazaine, avec la division, est entré à Mexico le 7. Ça été malheureusement pour mon bataillon, le signal du départ. On nous a relégués à 4 ou 5 kilomètres de la ville à Chapultepec, où se trouve l'école militaire. Elle est construite sur une hauteur, d'où l'on voit un panorama splendide, toute la vallée de Mexico. Tout autour, s'étend un beau parc formé d'arbres quatre ou cinq fois séculaires et qui sont tout ce que j'ai vu de plus beau dans ce genre. Ce sont des espèces de cèdres, mais aux branches desquels pendent des parasites dont je ne sais pas le nom, mais qui font un effet féerique. A ce séjour enchanteur, nous préférerions bien Mexico même. Nos camarades qui y sont, ont des pensions, des logements meublés chez l'habitant et le pied dans la rue : nous, nous sommes encore comme au camp, sans meubles et vivant en popote. Nous allons facilement à Mexico, par un chemin de fer américain, allant à Tacubaya, le Saint-Cloud de Mexico, a deux cents mètres de nous; mais ce n'en est pas moins un petit voyage. Plus malheureux encore que les autres, je suis détaché avec ma compagnie à un bout du parc, pour garder la fonderie de canons de

Casa de Mata ; attenant à la fonderie est un vieux moulin qui donne son nom à l'habitation que j'occupe. Avec mon cheval, je vais à Mexico en une demi-heure. Je ne te parlerai pas de l'entrée de Forey, le 10 juin, je n'y étais pas, étant resté de piquet dans nos cantonnements. Mais à la rentrée du bataillon, mon service étant fini, j'ai été dîner et passer la soirée en ville. Les arcs de triomphe étaient médiocres, le feu d'artifice ordinaire, mais il y avait dans les rues, sur les promenades, à toutes les fenêtres une foule de monde. On voyait une quantité énorme de jolies femmes, la joie paraissait générale, et la sympathie pour nous, bien réelle.

Tacubaya, 27 juillet 1863

... Je n'ai rien de nouveau à raconter depuis ma dernière lettre. Nous sommes toujours à Tacubaya, où nous nous reposons et où nous attendons la fin de la saison des pluies. De temps en temps, une ou plusieurs compagnies vont en reconnaisance aux environs, ou vont coopérer à l'arrestation de voleurs ou de brigands, très nombreux dans ce bon pays. C'est un métier de gendarmes qui ne nous convient guère ; d'autant plus que nous craignons toujours que, les passions politiques se mettant de la partie, on ne nous fasse commettre quelque petite infamie.

J'ai vu hier, pour la première fois, une jeune Mexicaine *pura*, qui m'a dit franchement : « Je ne « puis vous voir, ni vous, ni les vôtres ; je vous « sais rouges du sang de mes compatriotes. Tous « les Mexicains qui fraient avec vous sont des « traîtres. J'avais un fiancé, mais il a été au bal « donné par les Français et, depuis lors, je lui ai « retiré mon cœur ; je ne lui donne plus la main ; « je ne le salue même plus dans la rue. » Cette jeune énergumène pose un peu, je crois. C'est la première personne que je trouve osant dire carré- ment sa pensée. On m'a promis de m'en faire con- naître d'autres.

J'ai fait connaissance ici de deux Français, deux frères, qui ont quitté Paris il y a quinze ou vingt ans, l'un après s'être ruiné avec les femmes, l'au- tre après s'être ruiné au jeu. On les appelle Des Fontaines.

J'ai un nouveau lieutenant, M. A..... ayant donné sa démission et étant parti pour la France (avec ses éclats d'obus à chaque jambe et sans la moindre récompense) : il se nomme Potiron de Boisfleury. C'est un garçon charmant sous tous les rapports et je suis on ne peut plus satisfait de cette nouvelle acquisition . . . .

Toluca, 18 août 1863.

....Ma dernière lettre était datée de Tacubaya, il faut que je te raconte promptement ce qui m'est arrivé depuis.

Le 1er août j'ai quitté Tacubaya avec deux compagnies pour aller en détachement à Santa-Fé, triste village à six kilomètres sur la route de Toluca. Notre mission était de faire de fréquentes reconnaissances pour assurer la sécurité de la route, permettre l'arrivage des denrées à Mexico et protéger le passage de la diligence de Toluca. Nous y sommes restés jusqu'au 8, jour où nous avons été rejoints par le reste du bataillon et où nous avons continué notre route pour Toluca que le général de Bertier occupait déjà depuis un mois, avec une partie de la brigade. Toluca est à dix-huit lieues de Mexico ; nous avons fait la route en trois jours. Le pays que l'on traverse est magnifique : il faut naturellement monter et redescendre, car tout le Mexique est composé d'une série de plateaux fermés de tous côtés par des montagnes. Aussi n'y a-t-il pas de rivières, mais des lacs ou des marais qui reçoivent les eaux descendant des montagnes. Toluca est une ville de douze mille habitants, très propre mais très triste. Je ne pense pas que nous y restions longtemps; le but de notre expédition est Morélia, grande ville à environ quatre-vingts

lieues à l'ouest de Mexico. A Toluca, on fait constamment de petites expéditions, on arrête un tas
d'individus qu'une cour martiale juge sommai-
rement et que l'on fusille immédiatement après.
On dit que ce sont des brigands, je veux bien le
croire ; mais qui nous garantit que les vengeances
politiques ne se mettent pas de la partie ? J'ai peu
de goût pour les cours martiales en général et je
demande au ciel de ne pas être désigné pour en
faire partie. C'est, dit-on, le seul moyen de venir
à bout de pacifier ce pays. Je le veux bien ; mais
c'est un triste rôle pour une armée, comme l'armée
française.

Et puis, ce pauvre pays est divisé en partis qui
sont loin de s'entendre. Les femmes sont plus en-
ragées que les hommes encore. Quelqu'un d'un
parti me soutient mordicus qu'il n'y a pas un seul
honnête homme dans le parti contraire. Ma conviction est que, si les Français partaient demain,
le sang coulerait à flots dans les rues. Aussi, ne
pouvons-nous pas honnêtement nous en aller. Maximilien, s'il accepte la couronne, ce dont je doute,
ne pourra rien faire ici sans une puissante armée.
Pour ma part, je ne vois qu'une solution à la question, c'est, puisqu'on a fait la sottise d'entrer dans
cette voie, de rester toujours au Mexique, de s'en
déclarer les protecteurs, de lui laisser son drapeau et sa nationalité, de l'aider dans sa régénération et de profiter en partie des immenses ri-
chesses que l'on peut facilement en retirer.

Tu vois donc qu'il ne faut pas encore songer au retour. Je ne pense pas qu'il soit besoin d'envoyer de nouvelles troupes de France. Celles qui sont ici suffiront : on en sera quitte pour les changer de temps en temps. Avant tout il faut organiser une armée Mexicaine en y mettant, s'il le faut, des officiers et des cadres français, car, ces gens-ci en vaudraient d'autres, s'ils étaient bien commandés. Tu ne peux te figurer ce qu'est l'officier mexicain. A Puebla, on n'en a jamais vu un seul : ils donnent à leurs soldats l'exemple le plus détestable et sont toujours les premiers à fuir. Ils sont sales et mal élevés. Jamais nous ne leur causons ; ce sont les amis de nos ordonnances ! A une de nos dernières étapes, nous étions logés quatre ou cinq dans une grande chambre d'hacienda. Le propriétaire croyant être aimable, sans doute, ne nous quittait pas. Nous fûmes donc obligés de faire notre toilette devant lui, en arrivant pleins de poussière. Ce brave homme ne revenait pas de voir que nous fussions si propres, que nous nous lavions des pieds à la tête, que nous changions de linge. Les officiers Mexicains, nous disait-il, ne se lavent jamais que le bout du nez et encore. Quant au linge, ils attendent qu'il tombe de lui-même.

Du reste, on prétend que cette saleté s'étend jusqu'aux femmes. On vous montre en voiture une femme charmante et parée, mais l'on vous dit : « soyez certain qu'elle n'a pas de bas, ou qu'ils sont sales et qu'elle a des savates aux pieds. » Je ne puis le croire, elles sont trop jolies.

Il y a ici une femme charmante et aimable que je vais voir souvent. Elle prétend descendre de Montézuma et s'appelle en effet ainsi. J'avoue qu'elle me semble propre des pieds à la tête. Elle a les plus beaux cheveux que j'ai vus de ma vie et des yeux bleus d'une douceur infinie. Rassurez-vous, elle est mariée et mère de famille !

Je suis on ne peut mieux logé à Toluca : je n'ai jamais été si bien depuis que je suis au Mexique. Une chambre à coucher avec un bon lit et un salon. C'est princier. Il y a dans ma maison un vieil anglais, dentiste retiré. Nous sommes très bons amis : il m'amuse beaucoup. Il n'a pas perdu une seule de ses habitudes britanniques. Toujours aussi raide, toujours un chapeau anglais, toujours des gants noirs !

Les Français qui sont ici ont toujours un air mexicain. Il faut leur parler pour reconnaître leur nationalité. Lui, on le reconnaît pour Anglais, entre mille. Quelle drôle de chose que nous soyons si mauvais colonisateurs, avec cette facilité d'assimilation, et, que ces Anglais qui restent partout les mêmes, aient une si grande aptitude à coloniser. . . . .

. . . .

Toluca, 2 *septembre* 1863.

Je rentre ce matin d'une petite excursion de quatre jours et le courrier part ce soir, je n'ai que juste le temps de te dire que je me porte bien.

Je commandais un convoi de voitures et de prisonniers, que j'ai conduit jusqu'à quelques lieues de Mexico. Nous continuons à faire le métier de gendarmes et, si cela nous convient, nous aurons, en rentrant en France, des titres sérieux pour entrer dans la gendarmerie. On pourra mettre sur nos notes : En a déjà rempli les fonctions !

Je me plais toujours à Toluca ; nous y avons donné un bal, où l'on s'est assez amusé. La descendante de Montézuma y brillait entre toutes. Elle est réellement très jolie ; on parle d'en donner un second.

J'espère que ma présence dans tous les bals ne vous donnera pas mauvaise opinion de mon cœur et que mon cher frère H... n'en sera pas péniblement affecté. Songe que c'est là la seule occasion que j'aie de voir des femmes convenables et de me distraire.

Je périrais d'ennui privé d'amis, n'ayant de relations d'aucune sorte, à cette distance de mon pays, sans ces petites occasions qui me permettent de me faire bien venir des femmes, d'aller ensuite les voir chez elles et enfin d'apprendre l'espagnol dans lequel j'ai déjà fait des progrès sensibles. . . .

......Notre général part après-demain avec une partie de ses troupes, pour une petite expédition de douze jours. On va probablement, comme d'habitude, faire la chasse aux brigands. On les jugera ensuite, si on peut appeler cela juger! et on les fusillera ou condamnera aux galères. Je reste ici cette fois et je n'en suis pas fâché. Je n'ai pas de goût pour le métier qu'on nous fait faire.

Je ne crois pas que le remplacement de notre général en chef change rien aux projets d'expéditions pour la belle saison. Je m'attends donc toujours à filer à la fin du mois sur Morelia et de là, dit-on, plus loin.

Je n'en serai pas fâché, j'aime mieux marcher contre des gens qui se défendent et peuvent me tuer, que de faire des arrestations de misérables dignes du gibet. Il me semble que nous avons maintenant quelque chose des bourreaux.

Toluca, 21 septembre 1863.

..... Tu sais que nous sommes toujours à Toluca et, pour ma part je ne me plains pas trop de notre situation. Je ne m'ennuie pas, je commence à parler un peu espagnol ou, du moins, à me faire comprendre.

Les Mexicaines ont de bien beaux yeux, surtout lorsqu'ils sont couleur du ciel comme ceux de la descendante de Montézuma. Il y en a qui ont la peau très blanche, avec de splendides cheveux noirs. On coquette : le cœur bat un petit peu et le temps passe. Tout cela va cependant avoir une fin uu de ces jours. Nous allons nous mettre en route dans très peu de temps pour l'intérieur. Malheureusement, nous ne pouvons avoir l'espérance de trouver une résistance bien sérieuse et tout se bornera, je crois, à une promenade militaire.

Je ne sais plus trop ce qui se passe, ne recevant plus de journaux de France (ce qui me prive horriblement). Je ne sais donc pas qu'elles sont les intentions de l'Empereur sur ce pays. Forey va partir à la fin du mois. Bazaine, qui le remplacera, est le plus brave soldat que je connaisse, mais je ne sais s'il a la capacité nécessaire pour mener à bonne fin une entreprise aussi difficile que la pacification du Mexique.

Nous avons fêté, le 16, avec les habitants, l'anniversaire du premier cri d'indépendance du Mexique. A onze heures du soir, le 15, le canon, les pétards, les feux de joie rappelaient que c'est à cette heure que le curé de Dolorès, Hidalgo, a poussé son premier cri : « Viva la indépendancia! Muerran los Estranjeros! »

On nous a fait grâce cette année de cette dernière acclamation et on l'a remplacée par celle de Viva la Franzia. Le lendemain, nous avons assisté à une messe suivie de *Te Deum*, à un discours patriotique, et le soir, à un feu d'artifice. Les Puros naturellement se sont abstenus. Le 27, nous aurons une autre fête à cause de l'anniversaire de la proclamation de l'Indépendance. Ils se croient indépendants ! On a bien raison de dire : « il n'y a que la foi qui sauve ». . . . .

Toluca, 18 octobre 1863.

..... Voilà probalement la dernière lettre que j'écrirai de Toluca. La campagne de l'intérieur va s'ouvrir ; les premiers mouvements de troupe sont déjà commencés ; je suis seul de mon bataillon ici, les autres compagnies sont en avant ou en expédition.

Mon commandant est enfin passé lieutenant-colonel. Juge si j'en suis content. Notre nouveau commandant, M. B..., n'est arrivé que d'hier, je ne puis donc encore rien t'en dire. Je ne le connaissais que très peu comme capitaine, mais je sais qu'il passe pour être très bien.

21 octobre.

Les terres chaudes sont loin d'être pacifiées, et si les Mexicains avaient le même esprit national que les Espagnols, notre situation serait critique. On demande des officiers et des soldats de bonne

volonté pour former des corps de contre-guérillas.
J'y envoie les plus mauvais sujets de ma compagnie et je ne demande pas à y aller.

On y fait des avantages de solde qui ne me con-
viennent pas, car c'est de l'avancement que je désire et non quelques dizaines de piastres en plus
chaque mois. Du reste, je serai bientôt, j'espère,
dans une situation telle, à mon bataillon, qu'il y
aurait folie à moi de le quitter.

Je regretterai certainemant beaucoup Toluca :
le séjour, que j'y ai fait, aura été un entre-acte
très agréable entre les deux campagnes.

Je t'envoie un spécimen de l'art photographique
au Mexique (1).

Tout mal faites qu'elles sont, je pense que ces
cartes vous feront plaisir : elles vous prouveront,
de visu, que je n'ai pas trop dépéri dans cette campagne . . . .

Ixtlahuaca, 1ᵉʳ novembre 1863.

Nous avons quitté Toluca le 27 octobre, bien
tristes je t'assure. Pour ma part, je n'ai jamais
autant regretté une garnison en France et je crois
n'avoir jamais été autant regretté ! Malheureusement Ixtlahuaca n'est point fait pour effacer promptement de tendres souvenirs. C'est un village

(1) C'est le portrait que nous avons fait reproduire en tête
de ce volume.

affreux et sans ressources, à dix lieues de Toluca, sur la route de Morelia où nous sommes entassés comme des sardines.

Je ne te parlerai pas du plan des opérations militaires. Peut-être est-il sur le point de recevoir de notables modifications, car on reçoit à tout instant des ordres et des contre-ordres, et on parle d'un grand mouvement de l'armée ennemie vers le sud.

Pour ma part, je vois d'un œil indifférent tous les préparatifs de campagne, non pas que mon cœur se soit trop amolli dans les délices de Capoue, mais parce que je n'ai plus d'illusions sur la valeur de nos adversaires en rase campagne et que je vois en perspective beaucoup d'ennuis et de fatigues et peu ou pas de gloire.

Enfin, il n'en faut pas moins faire son devoir, bien qu'il en coute souvent bien des déchirements de cœur pour obéir. . . . .

..... Nous sommes très contents de notre nouveau commandant et, pour ma part je fonde sur lui beaucoup d'espérances.

Venta del Aire, 14 novembre 1863.

La Venta del Aire, d'où je t'écris, est située sur la route de Morelia, à environ vingt lieues de Toluca. Nous tenons comme de juste la tête de la colonne, mais nous n'en sommes pas plus avancés pour cela. Les opérations vont avec une lenteur désespérante et notre rôle est aussi ennuyeux que ridicule. L'ennemi fuit toujours devant nous. Dès que nous avons quitté un endroit, il s'empresse d'y revenir, de sorte que nous ne pouvons que compromettre les malheureux Mexicains qui nous accueillent bien. Aussi, le 9, nous avons été, après une marche des plus pénibles, à une hacienda, située sur un chemin menant à Queretaro. Elle se nomme Polis et passe pour une des plus riches du Mexique.

Après y avoir séjourné trois jours et y faire je ne sais ma foi pas quoi, nous l'avons quittée hier et sommes venus nous installer ici, sur la route de Morelia.

L'ennemi qui l'avait abandonnée à notre approche, s'est empressé d'y revenir après notre départ et, dès hier soir, nous avions ici le régisseur et quelques autres qui nous avaient rejoints, effrayés des menaces de mort et de pillage que proféraient nos remplaçants. Il est vrai qu'ils ont des armes et pourraient bien se défendre mais, voici ce qu'a dit à ses serviteurs le régisseur, en les leur distribuant : « Défendez-vous, je vous y engage. Quant à moi, je m'en vais ! »

Nous sommes tous ennuyés de la vie que nous menons et nous aspirons à arriver dans une ville ou bien à faire une guerre sérieuse. Nos généraux sont malheureusement d'une prudence désespérante. Ils craignent toujours de s'avancer trop loin en nombre insuffisant. Le courage ne nous manque cependant pas et c'est en marchant avec hardiesse qu'on aurait la chance de pincer un bon parti de ces insaisissables guérillas.

A tous ces ennuis, ajoute, pour ma part, celui d'avoir quitté Toluca, tu trouveras que la situation n'est pas des plus gaies pour le moment.

Venta del Aire, 17 novembre 1863.

Hélas ! nous avons tous mangé ici notre pain blanc le premier ; nous venons de passer cinq mois d'un repos bien agréable après les dures fatigues que nous avions eu à supporter, nous avons surtout été tellement choyés à Toluca que nous ne pouvons nous réhabituer à la vie des camps, qui est cependant de nouveau la nôtre depuis trois semaines.

Si encore on agissait, on marcherait vite ; mais on va comme une chenille qui déroule ses anneaux, et on s'arrête des temps infinis sans savoir pourquoi.

Tu peux penser si l'on se prive de crier et de tempêter contre le général en chef. Il est vrai que jamais général français ne s'est trouvé dans une situation plus difficile, mais il n'en est pas moins vrai qu'il aurait dû tout préparer d'avance et nous laisser dans nos garnisons jusqu'au dernier moment, au lieu de nous faire ainsi droguer sous la tente.

Et puis nous ne sommes plus soutenus par l'espoir de combats ; toutes nos illusions sont tombées à cet égard, jamais l'ennemi ne nous attendra, à moins que ce ne soit derrière un nouveau Puebla.

Je suis mal à mon aise, horriblement triste, et ma lettre se ressentira certainement de cette mauvaise disposition morale et physique.

J'aurais pu choisir un autre jour pour t'écrire, mais le courrier part ce soir et je suis déjà bien trop en retard avec toi pour attendre encore. Et puis, justement en ce moment, où j'aurais besoin de tant de lettres m'apportant des consolations et du courage, je suis presque oublié de vous tous ou tout au moins bien négligé. Tout en vous accusant, je suis bien forcé de m'avouer qu'il y a un peu de ma faute, que les lettres appellent les lettres et que dans les délices de Toluca, j'ai un peu négligé ma correspondance. Je ne veux plus à l'avenir me mettre dans mon tort, pour pouvoir au moins maugréer tout à mon aise, si l'on ne m'écrit pas.

Silao, 21 décembre 1863.

Je n'ai qu'un moment pour te dire que je me porte bien. Ma brigade est avec le parc d'artillerie commandé par un ami d'H..., le commandant

Vigier, à Silao, entre Guanaxuato et Léon. Les autres troupes sont en avant, je ne sais où. On ne connait rien, nous ne recevons même pas nos courriers.

..... Nous n'avons naturellement pas tiré un coup de fusil. Nous nous ennuyons horriblement, surtout quand nous ne marchons pas. Il y a déjà cinq jours que nous sommes ici, séparés du reste du monde. C'est tuant !

Le seul fait à te noter est l'enlèvement ou plutôt la disparition de deux officiers du 51e, l'autre jour à la chasse. Ils sont partis en arrivant au camp et depuis on n'en a plus entendu parler. On n'a pas davantage retrouvé leurs cadavres.

Quelle guerre ! Il n'y a à craindre que l'assassinat ou le guet-apens !]

..... Notre général de brigade est en route pour Mexico. Il est atteint d'une maladie du cerveau. Il perd la mémoire.

C'est le colonel Garnier du 51e qui le remplace provisoirement.

Lagos, 27 décembre 1863.

Nous arrivons à Lagos (115 lieues N.-O. de Mexico) : on nous prévient que le courrier sera ramassé dans quelques instants. Je ne puis donc que te dire que je me porte toujours bien, que je vais toujours devant moi, sans savoir où, et que l'ennemi se garde bien de nous attendre. Ce matin nous avons fait sept lieues avant déjeuner (nous faisons maintenant cinq ou six lieues avant déjeuner, comme on fait un tour sur le boulevard ou dans son jardin et jamais armée française n'a marché autant depuis la campagne de Russie). Nous arrivons de Léon, ville de cent mille habitants et où nous avons vu des femmes charmantes et un luxe assez grand pour le Mexique, mais malheureusement nous n'y sommes restés que trois jours. Demain nous partons, dit-on, pour Aguas-Calientes et Zacatecas, mais cela peut changer, car il y a généralement trois ou quatre nouvelles par jour. Ce qu'il y a de certain c'est que nous partons et que nous sommes sous le commandement du colonel Mangin avec le 20e bataillon de chasseurs et le 95e de ligne .   .   .   .

Aguas-Calientes, 19 janvier 1864.

..... Avant tout, je te dirai que depuis quelque temps, je suis content de l'exactitude de mes correspondants de France .   .   .   .

..... Le reste de notre division est revenu hier de San-Luis et elle est au complet ici, avec son chef intérimaire, le général de Castagny. Je ne crois pas qu'elle y reste longtemps : on parle de son départ prochain pour Zacatecas. Mais on dit que mon bataillon resterait provisoirement ici. Bien qu'il n'y ait rien à faire et rien à gagner que de la fatigue, je préférerais partir et voir du Mexique le plus que je pourrai,

Je te remercie bien, mon cher A....., de la chaleur avec laquelle tu as pris la conduite du colonel d'A..... à mon égard. Il a en outre proposé, à l'inspection générale, un autre que moi pour la décoration, un brave sous-lieutenant, ancien de services et de campagnes, qui la mérite à tous égards. En cela, il a bien fait, car du moment que ce ne sont plus des récompenses données après le siège et pour le siège, l'élévation de grade n'est pas un titre : on doit alors considérer les services et les campagnes.

Notre nouveau commandant, M. B..... est très bien et nous en sommes très contents. Quelles seront ses dispositions à mon égard pour la croix ? Je n'en sais rien. Nous sommes plusieurs en ligne, un lieutenant, le docteur-major et moi, car je ne compte pas le sous-lieutenant qui va l'avoir pour le 1er janvier. Il y aurait même encore peut-être un autre sous-lieutenant. Il choisira qui il voudra. Peu m'importe, maintenant que j'ai le temps voulu pour être proposé, même en France. C'est une affaire de patience et, pour nous autres, qui voyons comme cela se boutique, une affaire de chance. Il y a des corps qui ont des récompenses en grande quantité, parce que leur chef se remue et les demande, d'autres qui n'ont rien. Ça été notre cas jusqu'ici, car, depuis Puebla, nous n'avons rien eu de plus que nous n'aurions eu en France. On dit que notre Commandant a l'intention, quand il se trouvera près du Général en chef, de nous faire rattraper le temps perdu. Espérons-le, car notre pauvre bataillon en a bien besoin. J'ai dans ma compagnie plusieurs blessés attendant une récompense et elle n'a pas eu une seule médaille depuis notre départ de France. Ajoute à cette déveine qu'à Cherbourg je te disais que jamais je n'avais vu aussi peu de capitaines décorés, dans un bataillon de chasseur! Enfin, s'il en est de plus heureux, il en est aussi et beaucoup de plus malheureux, surtout dans les régiments de ligne.

Pour ma part, je prends volontiers mon parti, surtout tant que nous resterons ici. Cela ne me taquine que pour vous autres, pour les pékins enfin, auprès desquels on peut passer pour lâche ou incapable, si l'on n'a pas une distinction, qui est si commune et si répandue. Les officiers d'Etat-Major, qui naissent chevaliers et qui sont officiers au plus tard à trente ans, sont en cela comme les pékins. Tous les jours nous rencontrons un camarade parmi eux qui se pavane avec une rosette ou, au moins, un ruban et qui nous demande, avec le plus grand sérieux du monde, comment il se fait que nous ne soyons pas décorés! Parbleu! mes petits messieurs, il nous la faut gagner cette décoration qui vous coûte si peu et nous sommes souvent de nombreux compétiteurs pour une malheureuse croix de chevalier.

Ajoute à cela qu'on fait payer au Mexique l'abus scandaleux de récompenses qu'on avait fait pour la Chine et la Cochinchine. Mais tout cela s'arrangera et il y aura réaction en sens inverse, comme toujours.

Sois convaincu que, dans tout ce que je te dis, il n'y a ni découragement ni irritation. J'ai la conscience calme et j'attends sans impatience. Ce que je dis, c'est pour vous qui ne connaissez pas comment tout se passe et qui pourriez vous demander pourquoi je ne suis pas aussi favorisé que M. Tel ou Tel.

Aguas-Calientes, 26 janvier 1864.

..... Je ne sais comment le service des postes est fait au Mexique, mais nous venons d'avoir une bien amère déception. On annonce qu'un détachement nous apporte le courrier du 15 janvier, qu'il est très volumineux, qu'il contient ce qu'il nous manquait du dernier courrier. La-dessus grande est notre joie, car c'est pour nous un évènement des plus heureux, que la réception des nouvelles de France et mêmes de celles du Mexique. Hélas ! en ouvrant les paquets on s'aperçoit qu'il n'y a rien pour notre brigade, que tout est pour les troupes qui sont à Guadalajara, à quatre-vingts lieues d'ici et que, probablement, nos lettres ont pris cette fausse direction ! Quand les aurons-nous maintenant ?

Cependant deux nouvelles sont parvenues jusqu'à nous. On dit que le Corps législatif a autorisé le Gouvernement à porter à cinquante mille hommes le corps expéditionnaire du Mexique et que l'archevêque de Mexico a, dans un factum des plus violents, appelé la colère céleste sur le Gouvernement français et sur l'armée du Mexique.

Je ne sais encore si ces bruits se réaliseront, mais ils me paraissent tous deux très probables. Pour le premier, tout est possible de la part de la majorité du Corps législatif, et le Gouvernement doit évidemment désirer qu'on lui donne les moyens de mener à bien l'entreprise si difficile qu'il a commencée. Pour le second, cela doit arriver tôt ou tard, la France ne pouvant consentir à patronner une politique du moyen âge et le clergé, de son côté, ne pouvant pas se laisser dépouiller de son influence sans crier et sans se défendre.

A mon avis, là est la grande difficulté de notre tâche, la pierre d'achoppement de la régénération du Mexique. Gare à nous, si nous avons le clergé contre nous.

Voilà dix jours que toute notre division est à Aguas-Calientes. On dit, — et je le crois aussi — qu'on attend de nouveaux ordres du général Bazaine, qui est en train de traiter avec Doblado et Ortéga. Le malheureux Juarez est sacrifié et il est certain que ces deux derniers lui ont demandé de se démettre de ses fonctions de Président.

Il serait curieux que nous changions d'alliés et que nous ayons dorénavant les Puros pour nous et les Mochas pour ennemis ! A moins que nous ne les ayons tous les deux contre nous. Mais non. Il se détestent trop pour cela et ils n'ont pas assez de patriotisme.

Enfin, la question s'embrouille un peu davantage chaque jour, et Maximilien fera bien de renoncer à venir prendre possession de ce trône problématique.

Tu verras que ce que j'ai toujours pensé se réalisera : le protectorat pur et simple de la France. Et ne crois pas que ce soient les Mexicains qui rendent la chose difficile, non, c'est le clergé, parce qu'il dispose des Indiens.

Je m'évertue à te parler de la situation du Mexique : tu dois cependant être beaucoup plus au courant que moi de ce qui se passe, car Paris est certainement moins loin de Mexico qu'Aguas-Calientes, dans ce moment du moins.....

.... J'oubliais de te faire part que je venais d'obtenir un joli succès. Je viens de passer de première classe. Tu sais qu'il faut pour cela être dans la première moitié de la liste d'avancement. Enfin ! c'est toujours 400 francs par an que cela me vaut et ce n'est pas à dédaigner.

San-Juan de los Lagos, 19 février 1864.

.....Contre mon attente, nous sommes partis le 16 d'Aguas-Calientes et nous allons à Guadalajara, seconde ville du Mexique. Je ne pense pas que nous y séjournions. Quand nous aurons dispersé une force ennemie de douze mille hommes qui menace, dit-on, cette ville (et il suffira pour cela, je le crains, de notre approche) nous irons passer la saison des pluies à Queretaro. C'est du moins le programme du moment.

Avez-vous au moins une bonne carte du Mexique et pouvez-vous vous faire une idée de toutes nos pérégrinations et du chemin que nous parcourons? Je crains que non, car il n'y a pas en France de bonne cartes de ce pays peu connu. Soixante-deux lieues séparent Aguas-Calientes de Guadalajara. Nous venons d'en faire vingt, il nous en reste encore quarante-deux à faire et nous serons rendus à destination le 25. Tu verras par ma lettre à N... que j'arrivais le 13 de San-Luis-Potosi, de sorte que pendant les vingt-cinq premiers jours de février j'aurai fait cent cinquante-quatre lieues, en prenant à différents intervalles cinq jours de repos. Ajoute à cela des convois interminables, des routes défoncées ou fantastiquement accidentées, et, par extraordinaire ce mois-ci, de la pluie parfois, du vent et de la poussière d'autres fois, tu auras une idée de la vie que je mène.

Cependant je préfère de beaucoup cette existence vagabonde à la vie d'huître que j'ai menée à Aguas-Calientes pendant le mois de janvier. Toutes les villes ne sont pas des Toluca, et l'on me le fait bien voir. Queretaro, notre destination présumée, est, dit-on, agréable : j'y aurai du reste une recommandation de mes amis de Toluca.

Oui, cette vie vagabonde n'est pas désagréable. Vivre en plein air, voir tous les jours du nouveau ! Si nous avions la chance qu'ont eue quelques-uns de nos camarades, de faire parler une fois la poudre, notre bonheur serait complet.

De Guadalajara pour revenir à Queretaro nous aurons encore cent trente lieues à faire. Je me donnerai le plaisir, une fois installé dans mes quartiers, non d'hiver mais de pluie, de faire l'addition de toutes les lieues que nous aurons faites, depuis notre départ de Toluca ; j'arriverai à un joli total que je vous communiquerai.

San-Juan de los Lagos, d'où je t'écris, est une petite ville que je n'ai encore pu visiter, mais qui ne manque pas de cachet, vue de notre camp. Elle est située au fond d'un vaste entonnoir, dont les pentes sont bizarrement ravinées : cela doit être superbe pendant la saison des pluies, lorsque les torrents grondent de tous côtés ! L'église que je n'ai pu voir qu'en passant, mais que je visiterai dans la journée, m'a paru un charmant morceau d'architecture. Je crois que c'est ce que j'ai encore vu de plus complet et de plus régulier dans tout le Mexique.

Ma santé est toujours des plus florissantes, celle de mes hommes aussi. J'ai sous les armes cent treize chasseurs, grâce aux différents renforts que nous avons reçus, car j'en ai perdu un assez grand nombre et j'en ai vingt-sept en arrière pour différents motifs. L'ordonnance qu'A..... m'a vu choisir à Cherbourg, est mort de la dyssenterie, après quatre mois d'ambulance. Le pauvre garçon! je l'ai bien regretté : il m'était très attaché et j'en étais fort content.

Je te remercie des vœux que tu formes pour me voir la rougeole à la boutonnière, cela viendra tôt ou tard. Mais ne t'en préoccupe pas ; cela a perdu beaucoup de sa valeur à mes yeux et cela n'en reprendrait beaucoup que si j'avais la chance de l'avoir après un combat.

Comment veux-tu qu'il en soit autrement lorsque je vois, par le journal, qu'un capitaine qui aurait pu partir et même qui aurait dû partir pour le Mexique et qui a préféré rester attaché à l'Ecole de tir, vient de l'avoir à Paris ; quand je vois un sergent avoir la médaille militaire au dépôt et que, dans mon bataillon, un seul l'a eue depuis que nous sommes au Mexique, bien que plusieurs aient permuté pour ne pas rester à ce même dépôt ! Et je ne dis pas qu'on ait eu tort de donner toutes ces récompenses : on rend service partout ; seulement tu vois combien c'est une affaire de chance. Il y a du reste longtemps qu'il est reconnu que les campagnes ne sont profitables à la masse en général, qu'au retour en France et qu'une garnison de Paris rapporte plus à un corps que plusieurs années de campagne. Ici, de plus, nous sommes dans une réaction ; nous payons les excès de faveurs données à l'armée de Chine, il y a trois ou quatre ans.

. . . .

Je suis de retour ici depuis hier. J'étais parti le 1er février pour escorter un convoi de vivres jusqu'à San-Louis de Potosi et ramener ici les voitures vides. Je commandais pour cela deux compagnies. San-Luis est à quarante-six lieues d'Aguas-Calientes. Nous y avons séjourné deux jours, dimanche et lundi gras. C'est une assez jolie ville, malheureusement la pluie tombait à torrents, contre l'habitude et la saison, de sorte qu'il n'y avait personne dehors et que deux bals masqués, qui étaient préparés, n'ont vu se présenter *aucune femme*. Nous n'avons pas rencontré en route un seul ennemi ; les bonnes aubaines ne sont pas pour nous. Le 18e bataillon de chasseurs vient d'avoir une jolie affaire à quelques lieues d'ici ; une compagnie de mon bataillon détachée à Salamanca, en arrière, vient également de faire un joli coup de main ; mais moi je ne puis pas rencontrer un ennemi ; ce n'est pas ma faute, je t'assure. Nous restons provisoirement ici, cela commence à devenir fastidieux.

Lagos, 14 mars 1864.

Le Juif-Errant n'est rien auprès de moi !

Ma dernière lettre était datée de San-Juan de Los Lagos. Je t'y annonçais notre arrivée à Guadalajara pour le 25 février; nous n'y sommes rentrés que le 26, parce qu'on a voulu nous préparer une entrée triomphale. Pour la première fois de ma vie, j'ai reçu une pluie de fleurs, bien qu'on en ait lancé que très peu et d'une seule maison.

Guadalajara est une très belle ville qui même est, selon moi, plus belle que Mexico. Tous les soirs, nous allions nous promener sur la place, où toutes les plus jolies femmes se donnent rendez-vous, pour écouter la musique et respirer l'odeur embaumée des fleurs des orangers. Le pays que l'on traverse pour arriver à cet Eden est affreux et désolé, c'est le désert. Tu ne saurais te figurer l'impression d'étonnement que l'on éprouve, en tombant tout d'un coup au milieu d'une aussi grande ville, offrant toutes les ressources de la civilisation et du luxe. C'est le fait de ce pays de nous faire éprouver des sensations fortes à cause des contrastes.

Je t'envoie ces deux photographies pour te donner une idée des usages du pays. Les jeunes filles, qui au nombre de neuf, sont représentées sur l'une d'elles, sont des amies inséparables qui se montrent toujours ensemble, aussi les a-t-on nommées le *bouquet* ; les français, moins galants, en souvenir des habitudes de la traversée, qu'E..... pourra t'expliquer, les nomment le *plat*. Elles sont du meilleur monde, pas de la plus grande beauté, mais certainement mieux que leurs portraits. Elles sont toutes les neuf fiancées et l'autre photographie te représente les neuf Novios (le Novio, comme Sweetheart en Angleterre, joue un grand rôle au Mexique) qui les accompagnent partout.

On vend à qui veut ces photographies, aux Français surtout et elles le savent! Mais le plus beau de l'affaire, c'est qu'en appliquant une photographie sur l'autre, chaque novio se colle sur sa novia!

Hélas ! nous ne sommes restés que neuf jours dans ce paradis, et le 6 mars, nous nous remettons en route pour Lagos, où nous sommes arrivés hier. Nous venons donc de faire en huit jours quelque chose comme soixante lieues. Mais voici bien une autre affaire : nous recevons l'ordre à l'instant de partir demain matin pour Aguas-Calientes, où nous arriverons le 17 courant. Notre destination ultérieure n'est plus Quérétaro : c'est maintenant San-Luis. On dit qu'avant d'y arriver, nous séjournerons quelque temps à Aguas-Calientes. Je vous engage à renoncer, comme je l'ai fait depuis longtemps, à comprendre quelque chose à nos mouvements. *Nous nous mouvons*, c'est là l'important.　.　.　.　.　.　.　.　.　.　.　.　.

Aguas-Calientes, *27 mars 1864.*

... Tu as suivi, dans mes autres lettres, les nombreuses pérégrinations que nous faisons depuis le 1er février. Tu sais que d'Aguas-Calientes nous avons été à San-Luis Potosi et que nous sommes revenus à Aguas-Calientes; que nous sommes partis pour Guadalajara et que nous sommes de nouveau revenus à Aguas-Calientes. Je voudrais que tu puisses suivre sur une bonne carte tous ces zigzag que nous décrivons, et que tu eusses une idée des distances que nous parcourons! Qu'il te suffise de savoir que du 1er février au 17 mars nous avons fait quelque chose comme deux cent-vingt lieues et que nous avons séjourné cependant neuf jours à Guadalajara.

J'ai déjà parlé à M..., dans ma dernière lettre, de mon admiration pour Guadalajara; je lui ai envoyé deux photographies qui ont dû t'aider à compléter tes notions sur le Mexique et ses habitudes. Je vais t'ajouter divers autres renseignements sur cette ville, qui m'a vivement frappé.

La cathédrale est vaste et belle à l'intérieur, elle a cependant le défaut d'avoir une trop grande largeur pour sa hauteur.

L'extérieur est affreux. Deux abominables éteignoirs peints en jaune se donnent des airs de clochers. Le mauvais goût est ce qui domine malheureusement au Mexique.

Il y a un établissement, qu'on appelle l'Hospice, que j'ai visité et qui m'a satisfait on ne peut plus sous tous les rapports. C'est une maison tenue par les sœurs de Saint-Vincent de Paul : il y a école de filles et école de garçons, et de plus c'est un lieu de retraite où l'on vient passer quelques jours pour se préparer aux diverses communions de l'année. De grandes salles bien propres avec quelques meubles de couvent ; une cuisine qui m'a arraché un cri d'admiration, pour sa propreté et sa netteté ; une cour toute plantée d'orangers qui étaient en fleurs et qui embaumaient. Le jour de ma visite était le jour de l'entrée en retraite pour la communion pasquale. Les cours et les salles étaient remplies de jeunes personnes du meilleur monde, qui arrivaient ; on s'embrassait avec les sœurs, avec les petites filles de l'école ; on jacassait, on regardait beaucoup ton oncle qui se promenait gravement et que le hasard seul avait conduit là à cette heure. Enfin cet établissement m'a plu infiniment et pour un rien je serais entré en retraite aussi. Le soir, j'ai su que le *Bouquet* tout entier était entré en retraite. C'est très touchant que ces neuf jeunes filles, qui ne se quittent jamais. Mais pendant ce temps de recueillement, le sort des neuf novios me préoccupe infiniment.

Il fait très chaud à Guadalajara et on ne peut guère sortir dans le jour, mais le soir, à partir de cinq heures et demie, c'est ravissant.

...Ah! que tu m'écrirais souvent si tu pouvais voir la scène de l'arrivée du courrier.

Le dernier, que nous avons reçu, nous est arrivé à neuf heures du soir à un camp, sur la route de Guadalajara. Il ne faisait pas de lune, il fallait faire le dépouillement à la lueur d'un feu de paille de maïs, allumé près de la garde de police. Nous étions tous rangés autour, attendant que l'on prononçât notre nom et, à chaque lettre que le vague-mestre prenait, notre cœur battait. Je me disais que si cette scène-là pouvait être vue en France elle me vaudrait bien des lettres. Qu'on se la figure donc et que le résultat soit le même.

Queretaro, 23 avril 1864.

..... Nous avons quitté Aguas-Calientes le 4 de ce mois et ne sommes arrivés à Queretaro que le 19; il y a loin, je t'en réponds. Il fait horri-blement chaud et l'on souffre beaucoup en route, tant du soleil que de la poussière, qui est ici blan-che, fine, presque impalpable et qui pénètre par-tout.

On dit que cette ville n'est pas notre destination définitive; les uns parlent de Mexico, les autres d'une expédition sur Monterey, à cent-cinquante lieues d'ici, dans le nord. Je t'avoue que je suis las de poursuivre cet ennemi qui fuit toujours et que je ne serais pas fâché d'aller me reposer un peu à Mexico.

La géographie du Mexique me paraît bien inconnue en France, comme elle l'était du reste de moi, avant que j'y vinsse. Aussi, E..... m'écrit qu'il est impossible de se rendre compte exactement de notre situation, au milieu de tous les noms d'haciendas dont sont datées mes lettres et qu'on ne trouve pas sur la carte. Ces haciendas prétendues sont bel et bien des villes et quelques-unes même de grandes villes. Je n'ai écrit que des villes, depuis la Venta del Aire. Je puis me vanter de bien connaître le Mexique, puisque j'ai été dans l'intérieur, à Morelia, à Guadalajara, à Queretaro, à Aguas-Calientes et à San-Luis. Regarde sur une bonne carte du Mexique la situation relative de ces villes, en tenant compte de l'échelle, et tu verras que je puis rivaliser avec le Juif-Errant.

Queretaro est une grande et belle ville, mais je n'ai pu encore bien la voir, car j'ai tellement assez de la route et il fait si chaud que je ne sors presque pas de chez moi.

Queretaro, 24 avril 1864.

..... Oui, mon cher A....., je verrai avec plaisir se terminer cette expédition et il me tarde de me retrouver au milieu de vous, mais il ne faut pas y songer encore et je ne pense pas que notre réunion soit possible avant deux ans.

Tu es bien bon de te préoccuper autant du peu de profit que j'ai retiré jusqu'à présent de cette expédition. Je n'ai pas été heureux, cela est vrai, mais il y en a bien d'autres que moi et la plupart se retireront d'ici tels qu'ils y sont entrés. Cela ne sera pas mon cas ; j'aurai évidemment la croix tôt ou tard, mais pas plus tôt que je ne l'aurais eue en France. Ce ne sera plus une récompense, comme tu me l'écris très justement. Mais je ne veux à aucun prix me poser en victime. Je n'ai rien fait que mon devoir, comme tous mes camarades. La carrière militaire ne serait pas digne de la considération qu'elle donne, si on était sûr d'une récompense pour la bonne volonté que j'ai montrée et que tout autre eut montrée à ma place.

On a très bien fait de te répondre comme tu me l'écris, à propos des démarches que tu avais tentées en ma faveur. Je ne voudrais pas du reste d'une croix obtenue en dehors des propositions régulières. N'usons pas notre crédit sans utilité, il pourra nous servir à ma rentrée, pour passer chef de bataillon. Ici, il n'y faut pas penser, l'armée regorge de capitaines plus anciens que moi, accablés de campagnes, ce qui n'empêche pas qu'on vient d'en nommer un plus jeune que moi, bien qu'il fût sorti un an avant de St-Cyr, mais il avait de ces appuis auxquels je ne puis prétendre.

En résumé, c'est maintenant plus que jamais une grosse affaire de passer chef de bataillon. Le temps n'est plus où un capitaine était un vieux brave homme peu fort, si ce n'est au billard ou sur l'absinthe. Maintenant presque tous sont jeunes, beaucoup intelligents et capables, et un grand nombre ayant des campagnes en Crimée et en Italie ou en Afrique. Il faut donc, sans être insensible à l'aiguillon de l'avancement, savoir attendre que l'on soit à peu près en ligne, ce qui n'est pas encore mon cas.

Le général Bazaine a de grandes qualités militaires et de l'activité, du coup d'œil, que n'avait pas le maréchal Forey ; mais, sous le rapport des nominations, je crois qu'il y avait plus de justice sous ce dernier que sous celui-ci. Le général Bazaine est ce que nous appelons un *popotier*, c'est-à-dire qu'il ne connaît que ceux qui lui sont recommandés ou qui sont prônés par son entourage.

Mon commandant est un très brave garçon avec lequel la vie est très agréable et facile, mais il n'est peut-être pas bien distingué d'intelligence et d'esprit. Tel qu'il est, il me satisfait. Un chef complet ne se rencontre pas tous les jours, c'est le *rara avis* du poète.

Mes relations avec mes camarades sont toujours très bonnes ; mon lieutenant est, comme je te l'ai écrit, un garçon fort distingué. Nous vivons très bien ensemble, sauf quelques petites piques inséparables d'une vie en tête-à-tête de tous les jours et des fatigues qui aigrissent quelquefois la caractère.

Mon sous-lieutenant est resté à Mexico pendant toute la campagne de l'intérieur, pour commander le petit dépôt du corps.

Quant aux mutations qui ont eu lieu pendant la campagne, elles ne sont pas nombreuses, comme tu vas voir. D'abord, en arrivant à Véra-Cruz, un sous-lieutenant est passé lieutenant, à l'ancienneté. Mon lieutenant, M. A....., a donné sa démission à Mexico. Un autre lieutenant du bataillon est passé capitaine au choix (il avait huit ans de grade). Un sous-lieutenant est passé lieutenant à l'ancienneté (il avait sept ans de grade). Le commandant est passé lieutenant-colonel. Un capitaine, plus ancien que moi, a permuté pour rentrer en France au dépôt et a été remplacé par un capitaine plus jeune. Un jeune sous-lieutenant est mort du typhus à Guadalajara. Voilà, mon cher A....., une nomenclature que je te fais, parce que tu me témoignes dans ta lettre le désir de connaître ce qui se passe dans mon bataillon. A l'avenir je te ferai connaître les changements, à mesure qu'ils se présenteront. Il y a maintenant au bataillon deux capitaines plus anciens que moi ; ils sont portés tous deux pour chefs de bataillon et l'un devrait être nommé déjà si le général en chef avait un peu plus de justice ; il s'appelle le Cocher de Bonneville et a épousé à Caen une jeune personne qui connaissait L. et L.

C'est la 5e compagnie que je commande maintenant (je commandais en partant la 3e) et le jeune Tronchon est dans la 4e. Le capitaine de cette compagnie est le seul officier du bataillon avec lequel je sois mal : il ne peut me pardonner d'être plus ancien que lui et j'ai eu deux querelles avec lui déjà, dont la dernière, à Toluca, s'est même terminée par un duel. Maintenant, je fais comme tout le monde au bataillon, je ne lui parle jamais. Je n'en ai pas moins recommandé chaudement au commandant le fils de ton ami et je l'ai même fait déjeuner avec moi. Il était chasseur dans ma compagnie, mais il y est resté peu de temps ; il passera très prochainement fourrier. C'est, en effet, un très brave et très bon garçon, qui est bachelier ès-sciences et qui a montré pendant cette campagne un très grand courage à supporter les fatigues, malgré une hernie qu'il a gagnée presque au début. Le général en chef, qui connaît son père, s'intéresse à lui. J'ai retrouvé aussi, il y a quatre jours, le fils de M. Tévrin, qui est maréchal-de-logis au 12e chasseurs. Je ne savais même pas son existence, mais je ne l'en ai pas moins très bien reçu. Il vient chez moi de temps en temps jouer du piano, car je possède cet instrument dans une chambre (il est vrai que je n'ai pas de lit). Il prétend qu'il est bachelier ès-lettres et bachelier ès-sciences. Je ne sais trop ce qu'il vaut comme cœur et comme conduite et ce qui l'a conduit à s'engager, mais je lui reprocherais pour le moment d'être un peu sans-gêne. Tronchon me paraît rester plus à sa place......

P.-S. — Je crois que j'ai prononcé les mots querelle et duel, il faut donc que je te donne quelques explications. Ce capitaine a un très mauvais caractère et n'a pu vivre avec personne dans les divers bataillons où il a servi. En arrivant à Puebla, je me trouvais détaché avec sa compagnie et la mienne et je commandais comme le plus ancien. Il m'a, à ce sujet, cherché une querelle d'allemand et m'a provoqué. Je lui ai répondu que dans le service il n'y avait pas de provocation possible et je lui ai fait infliger quinze jours d'arrêts par le commandant. Mes autres camarades, les autres capitaines, m'ont tous approuvé et ont prétendu que le canon ne faisant pas assez de besogne, il désirait l'aider et se déblayer les voies. Tu comprends que nous n'étions pas très bien ensemble et qu'à la première occasion la bombe devait éclater. A Toluca donc, un jour qu'il se mêlait d'une conversation qui se passait à ma table et qui ne le regardait pas, je l'ai prié de se taire et je lui ai même imposé silence. Il s'est déclaré insulté : je lui ai répondu que je n'étais pas homme à lui refuser la réparation qu'il me demandait et nos camarades, sentant bien que ce n'était qu'un prétexte, nous ont fait décharger une balle de pistolet, et tout a été dit. . . . .

Venado, 16 juin 1864.

..... Dans ma dernière lettre, j'annonçais que je n'étais pas très content de ma santé. Cette petite indisposition n'a pas eu de suites et je me suis porté toute cette quinzaine, comme le Pont-Neuf, en dépit des fatigues que j'ai eues à supporter.

Le 6 juin, nous avons quitté San-Luis, pour venir occuper Venado. Nous n'avons, hélas! que trop perdu au change, car San-Luis est une grande ville, tandis que Venado n'est qu'un horrible village, où l'on ne peut trouver à se loger et où l'on est dévoré par les puces Il est situé à vingt-cinq lieues environ au Nord, sur le chemin de Monterey.

Une de nos quatre journées de marche a été signalée par un de ces orages comme on n'en voit que sous les tropiques, et dont il faut avoir ressenti les effets subits, pour les croire.

Cet orage a éclaté à six heures du matin. En un instant nous avons été littéralement trempés jusqu'aux os, tout comme si on nous avait plongés dans un baquet ; le chemin a été transformé en une véritable rivière et, par moments, les hommes avaient de l'eau jusqu'à mi-jambe. Puis, nous nous sommes trouvés tout d'un coup au bord d'une Barrauca transversale, (Barrauca signifie ravin profond et abrupt, très commun au Mexique) qui, deux heures auparavant, n'aurait pu offrir une goutte d'eau et qui, alors, transformée en torrent, roulait des eaux impétueuses et offrait un passage réellement dangereux. On a été obligé, pour l'effectuer, de tendre une corde d'un bord à l'autre; alors nos hommes, sacs au dos, avec de l'eau jusqu'à la ceinture, ont pu, en se cramponnant à la corde, résister au courant et passer un à un sur l'autre rive. Je n'avais pas l'idée de la fascination que produit un courant violent, quand on se trouve au milieu de l'eau; mais je suis resté à cheval pendant tout le temps que passait ma compagnie, prêt à porter secours au premier qui serait emporté et je t'assure que la tête me tournait et que j'étais comme ivre et attiré vers l'abîme. Un homme tombant dans le torrent, à moins d'un prompt secours, était un homme perdu, quand bien même c'eût été un nageur émérite. Nous n'avons heureusement eu aucune perte à déplorer et tout s'est borné à des carabines ou à des effets tombant à l'eau et qu'il a été impossible de ravoir. Un kilomètre plus loin une nouvelle barrauca est venue nous arrêter de nouveau; elle était plus profonde que l'autre, mais moins large ; de sorte que nos hommes ont pu la sauter.

Nos malheureux troupiers n'avaient qu'un pauvre café dans le ventre et il nous restait encore six lieues pour arriver à l'étape ! Il ne fallait pas songer à faire une grand'halte, trempés comme ils étaient. La pluie avait cessé et le haut du corps séchait peu à peu ; quant au bas, à chaque instant une nouvelle flaque d'eau à traverser venait le remettre dans le même état et entretenait une humidité que je ne qualifierai pas de salutaire. Enfin, au milieu des rires, des cris et des lazzi, nous avons fini par arriver à l'étape, où nous avons pu manger d'abord, nous changer ensuite. En France on s'enrhume pour avoir les pieds mouillés ; en campagne cela fortifie la santé et on ne s'aperçoit pas d'un bain complet !

Notre séjour à Venado a été jusqu'ici assez troublé. Le lendemain de notre arrivée, nous sommes partis à quatre heures du soir pour aller à la recherche de Pepe Ruiçon, le gendre de Doblado, un petit imbécile, riche à millions qui s'amuse à nous faire une guerre de brigand et qui risque fort d'être fusillé le jour où il se laissera prendre. Mais il ne se laisse pas prendre. On avait signalé sa présence à une douzaine de lieues sur notre flanc ; vite en route. Malheureusement, à onze heures du soir, on apprend qu'il est parti et nous nous en revenons piteusement.

Hier, nouvelle alerte ! Le même Pepe continue à

desoler nos environs; qu'on se tienne prêt à partir. On mange la soupe au grand galop, on fait ses cantines, on attend. Bref, on ne part pas et on en est quitte pour une journée perdue d'attente, assis sur ses malles, comme Girardin en 48.

Je crois que nous sommes destinés à courir souvent, tout le temps que nous resterons ici, car nous sommes les plus avancés. Je ne m'en plains pas, car sans cela on périrait d'ennui dans un trou pareil, mais je voudrais bien que ce ne fût pas toujours pour rire.

Il y a avec nous, à Venado, une section d'artillerie de montagne commandée par un lieutenant nommé Moreau. Comme ce lieutenant est seul, il mange à ma compagnie, avec mon lieutenant et moi. L'autre jour, on parlait de la France et il vint à dire qu'il était de Paris. Je ne sais pourquoi l'idée qu'il pourrait bien être fils de Madame Moreau me traversa l'esprit. Il est laid et a bien l'aspect d'un produit de parents vieux. A tout hasard, et pour chasser une idée ridicule, je lui demandai s'il n'était pas parent de la dame Moreau en question. Juge de mon étonnement, quand il me répondit que c'était sa mère. Il ajouta : « mais alors, vous êtes le frère de M... et de Mme X... à laquelle ma mère a dédié une romance. Votre nom m'avait bien frappé, mais, comme je ne savais pas qu'il y eût un des fils Bochet dans l'armée, je m'étais contenté de remarquer la similitude des noms. »

Cette reconnaissance nous a causé à tous les

deux une douce joie et pendant plusieurs heures nous avons causé du passé, de la France, de nos familles. Il faut se trouver ou s'être trouvé à trois mille lieues de son pays pour comprendre tout le plaisir qu'une pareille rencontre peut causer ! Quelle excursion dans le passé ! Que de souvenirs évoqués ! Madame Moreau avec son crayon battant la mesure, avec sa robe de velours et son violon, les jours de concert ; les deux portraits qui ornaient son salon, rue de La Harpe, et que j'ai pu dépeindre à son fils.

En 1856 déjà, j'avais rencontré Madame Moreau dans un bal rue Bergère. J'avais même été chez elle à une soirée, pendant que je demeurais rue des Grès, et je m'y étais même beaucoup amusé, mais je n'avais vu que le fils aîné, Joseph, qui est médecin et qui s'est marié il y a deux ou trois ans. Je ne soupçonnais pas l'existence de ce second fils, Charles. La pauvre Madame Moreau est morte ; mais Joseph me connaît très bien et c'est à lui que son frère écrira le récit de notre reconnaissance qui lui fera plaisir, je crois ; car je t'assure que ces deux jeunes gens ont été élevés dans le respect et même l'admiration de notre famille.

L'Empereur et l'Impératrice du Mexique doivent être, à l'heure qu'il est, à Mexico. Je pense que leur arrivée va être l'occasion de bien des soumissions, que certains chefs ne voulaient pas faire au gouvernement provisoire, mais il ne nous en faudra pas moins rester encore deux ans ici, pour permettre à l'armée mexicaine de se former, car quoi qu'on en dise, elle n'est encore qu'un ramassis de pouilleux ou de bandits.

Certes, je soupire après le moment où je pourrai vous embrasser tous, mais je ne suis cependant pas trop malheureux, et je prends mon mal très en patience. C'est mon métier après tout, et je conserverai de ces années passées au Mexique un souvenir profond.

L'autre jour un mendiant me demandait l'aumône en ces termes : *Guerito ! da me flaco*, c'est-à-dire : Petit blond ! donne-moi un sou. Je trouve cette expression ravissante ; je suis cependant, je te l'affirme, plus brun et plus noir que jamais. Ce que c'est que l'effet de la latitude.

Le *Cumple anos* de ma propriétaire de San Luis s'est très bien passé : j'étais du dîner à une heure et du souper. On a dansé de trois heures du soir à minuit. On a passablement écorché le duo de *Norma*. Enfin, je me suis assez amusé ! . . . .

El Venado, 13 juillet 1864.

Je n'ai le temps que d'écrire un mot pour t'annoncer que je rentre ce matin d'une petite excursion de trois jours et que je pars demain, pour le nord, avec un immense convoi.

On va former un grand centre d'approvisionnements, à moitié chemin entre San-Luis et Monterey, car on est décidé à faire cette expédition. Je n'en suis pas fâché, le repos dans un trou pareil à Venado, n'est pas possible ; de plus, le typhus commençait à augmenter, d'une manière inquiétante, le nombre de nos malades. Nous allons traverser des pays presque inhabités et où l'on fait souvent, dit-on, quinze lieues sans voir un être humain et sans rencontrer une goutte d'eau. Nous serons bien près du pays des Camanches, tribu sauvage et guerrière; si nous pouvions les voir ! Cela mettrait un peu *de piquant* dans notre expédition, qui commence à en manquer beaucoup. D'autant plus qu'ils se servent *de flèches.*

J'ai bien pensé à toi en lisant, en espagnol, la *Prairie* de Cooper que, si tu te le rappelles, tu as essayé de nous lire en français, il y a quelque six ans ! Nous n'avons pu aller bien loin : ta lecture s'est arrêtée sous les rires : il y avait toujours *vieux Trappeur!* Et bien, ici, cela m'a amusé — que veux-tu ? les circonstances ne sont pas les mêmes.

Ma santé est toujours excellente et mon moral, malgré les aspirations si naturelles et un peu plus fréquentes vers la famille et la patrie, est toujours préférable.

Pardonne-moi d'être si bref, mais je suis éreinté, et j'ai une masse de choses à faire à cause de notre départ.

9

Vanegas, 29 juillet 1864.

..... Je suis bien aise que les détails que je t'ai donnés sur mon bataillon t'aient intéressé et je continuerai à te tenir au courant de tout ce qui s'y passera.

Je regrette cependant de t'avoir parlé de mon duel, puisque les causes en ont été si mal appréciées. Je n'avais donné que très peu de détails, il est vrai, mais peut-on en donner beaucoup par lettre, à moins d'en écrire une spécialement sur ce sujet. Sache donc qu'il ne s'agit pas de *carafe*, mot très spirituel, mais qui serait plus juste si j'avais encore vingt ans, que les mots « il s'est mêlé à une conversation qui ne le regardait pas » exprimant bien imparfaitement la situation ; qu'enfin, j'avais pour moi l'approbation de tous mes camarades et de tous les officiers qui avaient connaissance de l'affaire. Du reste ce n'est pas moi qui ai demandé à me battre ; je me suis contenté de répondre que je n'étais pas homme à refuser la réparation qui m'était demandée. Le pouvais-je, en effet, à moins de faire des excuses, en pleine table d'hôte, lorsque j'avais eu cent fois raison de répondre : Je vous prie de vous taire ? Ce n'était là du reste qu'un prétexte. Ce capitaine me déteste tellement qu'après le duel, nous nous sommes

salués et qu'il ne m'a pas tendu la main. Maintenant encore, nous ne nous parlons que pour le
service.

Je suis convaincu qu'après ces explications, si
incomplètes qu'elles soient, vous regretterez la
sévérité de votre premier jugement. Il est des
nécessités auxquelles il faut céder tout en les
déplorant, et ce n'est que sur place, et non pas
à trois mille lieues de distance, sur quelques
lignes d'une lettre, qu'on peut apprécier sainement
ma situation.

Mon lieutenant s'appelle de Boisfleury, mais il
n'est pas avec moi dans ce moment. Il est détaché
à la compagnie franche de San-Luis.

Le jeune sous-lieutenant qui faisait le service à
ma compagnie, M. C....., est malheureusement retourné à la sienne. Son capitaine vient d'avoir
le typhus, mais il est sauvé et son lieutenant s'est
cassé l'épaule en tombant de mulet. J'ai, pour faire
le service chez moi, un autre sous-lieutenant, très
bon et très brave garçon, mais de peu de ressources
comme société. On le nomme J..... L'artillerie étant
restée à Venado, je n'ai plus la société de M. Moreau, aussi les repas ne se prolongent-ils pas si
longtemps qu'autrefois.

Je n'ai pas changé de compagnie, en ce sens que
j'ai toujours les mêmes hommes et les mêmes
cadres, mais c'est ma compagnie qui a changé de
numéro. C'est par suite de ce qu'on appelle le tier-
cement, opération qui se fait tous les trois ans,

pour mettre chaque capitaine à sa place d'ancienneté.

Nous avons mis cinq jours pour venir de Venado ici. Le pays est désert, il y a peu d'eau. Une fois nous avons été forcés de partir à sept heures du soir et d'aller coucher cinq lieues plus loin, parce que l'eau était sur le point de manquer. Vanegas est triste et sans ressources. C'est ce qu'on appelle une hacienda de Beneficio, c'est-à-dire que c'est là qu'on travaille le minerai. Les mines de Catorze sont à cinq lieues derrière nous. Les montagnes où elles se trouvent sont splendides ; on dirait une mer en furie, qui aurait été tout d'un coup solidifiée.

On tâche de distraire les hommes ; on les fait jouer aux barres, au chat coupé ; le dimanche, il y a courses en sacs et autres jeux ; on donne des prix aux vainqueurs.

Les officiers jouent au whist ou au boston ; moi je joue au boston.

Malgré tout cela, nous appelons de tous nos vœux le moment du départ pour Paltillo et Monterey, qui ne tardera pas, je pense, à arriver.

J'ai lu avec un vif intérêt tout ce que tu me racontes sur les Princes d'Orléans. Le trait de mémoire du Prince de Joinville m'a ébouriffé comme vous tous. J'ai ri de tout mon cœur, à la lecture de la mystification que tu as jouée au bon peuple de Londres, j'aurais voulu te voir en Garibaldi. Tu devais être superbe. . . . .

Vaneguo, 29 juillet 1864.

Non, je ne me suis malheureusement pas trompé, quand j'écrivais que nous ne pouvions pas être en France avant les premiers mois de 1866. Je parle naturellement de mon bataillon et non des premières troupes qui rentreront. C'est une appréciation qu'il serait trop long de justifier, mais que beaucoup de mes camarades partagent avec moi. Songe donc qu'il faut que Maximilien ait le temps de constituer une armée et qu'il y a en outre dans l'année six mois pendant lesquels il serait barbare de faire embarquer les troupes, à cause de la fièvre jaune. Non, plus j'y réfléchis, plus ce délai me paraît le plus rapproché qu'il soit possible. Dieu veuille que l'évènement me donne tort ! . . . .

Monterey, 28 août 1864.

..... Nous avons mis quatre jours pour venir de Paltillo à Monterey ; la route est magnifique, au milieu de rochers dont on ne peut se figurer la hauteur et l'apreté sans les avoir vus.

On rencontre à chaque pas des croix signalant la sépulture des victimes des Comanches. . . .

..... Il y a ici beaucoup d'Américains et par contre

d'Américaines. On revoit les chapeaux de femmes que l'habitude de la mantille me fait trouver drôles. On entend parler anglais dans les rues et l'on voit de ces touches, qu'affirmerait suffisamment l'origine anglaise des Yankees.

Ce matin il y a messe militaire comme d'habitude, mais il s'y est passé un fait qui te donnera une idée de l'inconvenance des Américaines. Tu sais que dans les églises espagnoles il n'y a pas de chaises et que les femmes s'accroupissent à terre. Quand il y a messe militaire, on dispose des sièges pour les officiers. Il restait plusieurs chaises vides ; on eut l'idée de les faire passer à de fort jolies Américaines qui étaient debout contre le mur et qui étaient évidemment venues là comme au spectacle. Quelques officiers même donnèrent leurs chaises. Ces dames s'assirent de l'air le plus majestueux. A l'Evangile, lorsque tous les officiers se levaient, et que les troupes portaient les armes, ces dames restèrent assises ; mais croirais-tu qu'à l'Élévation, lorsque les troupes mettaient le genou en terre, que les tambours battaient aux champs, que les officiers, debout, inclinaient la tête, elles restèrent encore assises. Elles se carrèrent même un peu davantage dans leurs chaises. J'avoue que cela m'a indigné et j'aurais applaudi si quelqu'un était venu les faire lever ou si on les avait fait mettre à la porte. Mais personne n'a rien dit : les auteurs de la galanterie ont été, je crois, assez penauds.

. . . .

Monterey, 2 septembre 1864.

Tu comprends que je n'ai pas grandes nouvelles à t'apprendre depuis que j'ai écrit à ta tante. Nous sommes toujours à Monterey, qui est ma foi une jolie ville et qui nous plaît, parce qu'elle a un cachet particulier, que lui donne la grande quantité d'Américains qui l'habitent. Notre fanfare joue sur la place, trois fois la semaine. Le soir il vient assez de monde, et on n'y entend parler qu'anglais. Malheureusement je n'ai jamais été bien fort en cette langue, mais, le peu que je savais, l'espagnol me l'a complètement fait oublier. De sorte que quand je veux essayer de dire deux mots en anglais j'en dis au moins un en espagnol, ce qui ne faciliterait pas la conversation, si je connaissais quelqu'un. Mais je ne connais personne et je ne me suis encore essayé que dans les magasins.

J'ai enfin trouvé des chemises ! j'en ai acheté *deux* : elles coûtent 5 piastres chacune et sont si bonnes que le second jour que j'en ai porté une, avant qu'elle n'ait été lavée, elle était déjà toute effilochée au poignet droit. Elles portent du reste la marque d'un honnête marchand de Paris qui se sera dit : c'est bien bon pour l'exportation.

La chaleur est toujours affreuse : je dors fort mal la nuit à cause des moustiques. J'ai bien établi une espèce de moustiquaire au-dessus de mon lit, mais on a beaucoup plus chaud avec cela, et presque autant de moustiques.

Je ne pense pas que notre séjour ici se prolonge beaucoup. Il faut que nous achevions notre œuvre et nous irons jusqu'à Chihuahua : rassure-toi, ce n'est qu'à quelque chose comme trois cents lieues d'ici.

Tu ne saurais croire le plaisir que j'éprouve à être à Monterey : il y a si longtemps qu'on nous en parle ; tout le monde semblait croire que c'était beaucoup trop loin, et que nous n'irions jamais, du moins par terre ; Juarès s'y croyait inattaquable, protégé par quarante lieues de quasi-désert.

Et bien ! nous y voilà et nous irons bien autre part encore. Et puis le pays est si sauvage et si beau : quelles montagnes, quels amas de rochers ! les Pyrénées me sembleront après cela un joli décor d'opéra. Le courrier vient d'arriver : je l'ai vu passer sous mes fenêtres ; deux mulets chargés, avec une escorte de cavaliers mexicains.

Monterey, 18 septembre 1864.

..... Mon pauvre bataillon vient encore d'être éprouvé depuis que nous sommes à Monterey. Ce pauvre petit sous-lieutenant, sorti de l'Ecole l'année dernière, dont je parlais dans ma lettre datée de

Venado, qui faisait à cette époque le service à ma compagnie, M. C..., vient de nous être enlevé par le typhus en quelques jours ! Cette mort m'a fait beaucoup de peine car j'aimais ce jeune homme, cet enfant plutôt ; il avait toutes sortes de bonnes qualités. Nous nous étions témoigné une affection réciproque. Cette campagne est mortelle aux tout jeunes gens ; ils sont à peine formés et habitués aux bons soins de la famille, ils ne peuvent résister à ces fatigues réellement exceptionnelles.

Voilà deux jeunes sous-lieutenants, sortis de Saint-Cyr ces deux dernières années, que le typhus nous emporte ! Le capitaine qui y a échappé, s'en va en convalescence en France pour six mois. Il me semble que nous avons largement payé notre tribut à cette affreuse maladie. Que Dieu protège les autres et surtout ceux qui vont nous arriver de l'Ecole ! Quant à moi, je suis hors de cause, tant par l'âge que par le bon régime et la bonne constitution. Aussi me portè-je à merveille.

La ville nous a donné un bal dans la salle du théâtre. Il était assez beau, mais il y avait très peu de Mexicaines. En revanche, il y avait beaucoup d'Américaines et, comme elles ne savaient parler ni français, ni espagnol, on voyait des scènes assez burlesques d'invitations.

Quelque agréable que me paraisse la ville de Monterey, il ne m'en faut pas moins la quitter bientôt. Ma compagnie part, avec une autre, pour Paltillo, mercredi 21 courant.

Quoique Paltillo soit une ville triste et de peu d'importance, je vois ce changement sans regrets. Je suis habitué à me mouvoir comme un automate et j'ai vu tant d'exemples de bonheurs, sortant de combinaisons qui ne semblaient promettre que malheurs, que j'ai acquis une philosophie militaire frisant de très près l'insouciance.   .   .   .   .   .   .

Yerbanis, 4 novembre **1864.**

Nous sommes toujours en route pour Durango où nous arriverons, je pense, dans cinq jours. Notre voyage a été très pénible à cause de la pluie, qui nous a mouillés pendant plusieurs jours et qui nous a défoncé les routes pour longtemps.

Jamais je n'ai traversé un pays plus désert et plus affreux. On ne trouve pas même toujours de l'eau et nous avons été plusieurs fois obligés d'en porter avec nous.

Un capitaine de mon bataillon, appelé F..., celui avec lequel j'ai eu dans le temps maille à partir, a été l'objet d'une tentative d'assassinat à la chasse ; il est sauvé maintenant, du moins nous l'espérons, mais il l'a joliment échappé belle. Quatre Indiens qui le suivaient sous prétexte de lui indiquer où il trouverait du gibier, l'ont assailli par derrière, lui ont donné un coup de couteau dans le ventre, lui ont enlevé son fusil et le lui ont déchargé sur lui. Il n'a pas été heureusement atteint par le coup de feu ; les Indiens n'ont pas osé le poursuivre ; alors, avec une force de volónté incroyable, il s'est éloigné, a traversé un rio large comme la Seine, avec de l'eau jusqu'à la poitrine, a manqué se noyer et est enfin venu tomber sur l'autre rive, au bord d'un chemin, où des soldats l'ont rencontré.

Il avait le péritoine qui sortait de sa blessure. Sur dix, disent les médecins, huit y seraient cent fois restés. Lui va aussi bien que possible et l'on dit qu'il est sauvé.

Il s'agissait de punir les coupables que le capitaine F..... assurait devoir reconnaître très bien. L'assassinat s'était commis le jour de notre arrivée à une hacienda où nous sommes restés trois jours. On avait donc le temps d'agir.

Le lieutenant du capitaine se met en recherche le lendemain avec presque toute la compagnie ; on bat les environs et on ramène une cinquantaine d'Indiens, parmi lesquels, sans hésiter, le capitaine F....., de son lit, reconnaît trois des assassins et en désigna un quatrième, sans toutefois affirmer. Le lendemain une cour martiale s'assemble ; elle est composée du commandant et de deux capitaines du bataillon. Après des débats qui ont duré deux heures et auxquels j'ai assisté d'un bout à l'autre, comme curieux, la cour rend un jugement au nom de l'empereur Napoléon qui condamne trois des accusés à la peine de mort et acquitte l'autre. Cet autre, outre l'hésitation du capitaine à le reconnaître, avait encore son maître qui déposait de son alibi. Les trois condamnés n'avaient absolument contre eux que la reconnaissance formelle de la victime. A la lecture du jugement, qui était exécutoire une demi-heure après le prononcé, ils se sont contentés de répondre : « C'est bien ». Je n'ai pas voulu assister à l'exécution, mais on m'a dit qu'ils étaient morts comme meurent tous ces Indiens, avec une insouciance incroyable. Trois pelotons leur ont donné la mort au même signal. Celui auquel on a bandé les yeux, le premier, trouvant le temps long sans doute, a abaissé son bandeau, a regardé à droite et à gauche et, quand il a vu que tout était prêt, l'a remis de lui-même.

Explique qui pourra comment des gens qui méprisent la mort à ce point font d'aussi mauvais soldats et sont aussi lâches dans le combat.

J'aurais vu fusiller ces gens-là la veille après la reconnaissance du capitaine, sur un simple ordre du général de division, que cela ne m'aurait rien fait. J'aurais considéré cela comme un droit de la guerre, une rigueur nécessaire au salut de l'armée. Mais je t'avoue que ce simulacre de jugement a entièrement changé mes sentiments. C'était une véritable parodie de la justice et l'intérêt se déplaçait et passait du côté des accusés. Le fait est que le général a préféré que trois consciences prissent sur elles la responsabilité de l'exécution. Cependant, comme chef, j'aurais, il me semble, ordonné l'exécution : comme juge, je ne pense pas que j'eusse condamné, malgré la conviction que j'ai que c'étaient bien là les assassins. C'est ainsi que, par expérience, j'en arrive à cette conclusion à laquelle je n'aurais jamais cru pouvoir arriver ; c'est que, dans certains cas à la guerre, il vaut mieux se passer de jugement que d'en faire rendre un, sans qu'il soit entouré de toutes les formes qui seules le rendent respectable.

A la sortie de la cour martiale, après le prononcé du jugement, j'entendis un sergent dire : « Ils seront tous décorés ! » On n'aurait certes pas dit cela si, la veille, on avait fusillé ces trois bandits sans autre forme.

Ceci doit aussi t'aider à comprendre pourquoi je suis si heureux de n'avoir jamais fait partie d'aucune cour martiale. Je ne pense pas du reste qu'on songe jamais à moi.

Nous sommes arrivés ici ce matin ; nous repartons demain . . . .

Durango, 11 novembre 1864.

Nous ne sommes arrivés à Durango qu'hier, après une marche bien pénible de trente-huit jours, pendant lesquels nous avons fait cent soixante-dix lieues. Sais-tu que depuis un an, nous en avons déjà fait plus de douze cents et que ce n'est pas fini ? On parle d'expédition sur Mazatlan, port du Pacifique, à quatre-vingts lieues d'ici, et sur Chihuahua à cent quatre-vingts lieues !

Durango est une grande et belle ville, au milieu d'un immense désert. Aussi ai-je éprouvé, en y arrivant, une sensation analogue à celle que m'a causée Guadalajara.

Certes, sous bien des rapports, cette campagne est pénible et laborieuse, mais elle procure aussi, il faut l'avouer, beaucoup de bons moments, par l'immense quantité de villes et de pays offerts tour à tour à notre curiosité et à nos observations.

Aussi, malgré les aspirations fréquentes que j'ai vers la France et la famille, malgré certains moments d'ennui et de dégoût, malgré surtout le peu de chance que j'ai eu jusqu'à présent, je ne me suis pas laissé aller une fois à regretter d'avoir demandé à faire cette expédition. Sachant ce qui devait arriver, je recommencerais encore : outre les avantages futurs que je ne puis manquer d'en retirer, n'ai-je pas la satisfaction de conscience de faire sérieusement ma carrière et mon devoir ? Un militaire ne peut s'estimer en France et ne peut jouir sans honte de la vie calme des garnisons, que lorsqu'il a fait longtemps la guerre et qu'il a acheté, au prix de fatigues et de dangers exceptionnels, le droit de se reposer.

Durango, 24 novembre 1864.

.... Tu sais que nous partons bientôt pour une nouvelle expédition, à Chihuahua, C'est, aller, retour et séjour, une affaire d'au moins cinq mois, et nous serons alors à cinq cents lieues de Vera-Cruz. En admettant que nous recevions là l'ordre de rentrer directement et immédiatement en France, c'est encore un affaire de cinq autres mois. Tu vois donc que je ne me suis pas trop trompé dans mes calculs et qu'il nous faut, à tous, encore au moins une année de patience. Mais que de souvenirs je rapporterai de ces gigantesques pérégrinations! Que de choses j'aurai vues! Sais-tu que cette année, j'ai fait plus de douze cents lieues ?

Il est à supposer que l'année qui va s'ouvrir, j'en ferai encore au moins un millier. Je crois qu'alors j'en aurai assez, et que ce sera pour moi une bien grande jouissance que de venir me reposer auprès de vous. . . . .

Durango, 7 décembre 1864.

..... Rien de nouveau pendant cette quinzaine : je n'ai pas bougé de Durango et je m'y repose avec plaisir.

Notre départ pour Chihuahua aura lieu plus tôt

que je ne le pensais : on parle des environs du
25, je l'attends avec impatience, comme sans
crainte.

Nous sommes toujours très bien reçus ici : nous
avons dansé l'autre soir jusqu'à sept heures et
demie du matin. Dimanche notre général donne un
bal, mais je ne pense pas qu'il se prolonge aussi
tard.

Il ne fait plus froid et nous jouissons, au contraire. de la plus délicieuse température qui se
puisse imaginer.

Ce que je regrette, j'en demande bien pardon à
Béranger, ce ne sont certes pas vos hivers.

Rien de nouveau à mon bataillon, le capitaine
assassiné va beaucoup mieux. Les récompenses
sont toujours nulles. Nous n'avons pas eu encore
un seul capitaine nommé chef de bataillon. Non
seulement nous ne voyons plus ni croix de la
Légion d'honneur, ni médailles militaires, mais
nous n'avons même pas reçu une seule croix de
Guadalupe. Il est vrai qu'un escadron de hus-
sards, qui a accompagné l'empereur Maximilien
dans une de ses tournées, en a reçu quinze pour
sa part !

En revanche nous sommes comblés d'éloges dans
les ordres du Général en chef. Ainsi de quoi nous
plaindrions-nous ? N'est-ce pas la plus noble récompense à ambitionner, ainsi que nous le disait,
il y a quelques mois, notre général de division.

Le fait est, et c'est là le côté admirable de l'armée française, que pour l'immense majorité de nos soldats, c'est l'exacte vérité ! Ce qui ne les empêche pas de faire gaîment leurs deux mille cinq cents lieues (calcul approximatif, retour compris), sac au dos, n'ayant pas couché dans un lit depuis leur départ de France et ne se souvenant que vaguement du goût du vin.

Pardonne-moi cette boutade passagère, car, en réalité, je ne m'ennuie pas et je ne suis pas malheureux.

L'ambition, c'est des bêtises, il y a longtemps que l'illustre maire d'Eu l'a dit. . . . .

Durango, 22 décembre 1864.

Je suis affreusement occupé depuis quelques jours. Je ne veux, cependant, pas laisser partir le courrier sans t'écrire, car il me semble qu'il y a bien longtemps que je ne l'ai fait. Ces occupations viennent de ce que j'ai été nommé Commissaire Impérial devant le Conseil de guerre. N'ayant jamais été ni juge, ni même spectateur, et n'ayant assisté à une séance que comme témoin, une fois dans ma vie, il y a bientôt quatorze ans, tu dois comprendre que j'ai eu beaucoup à faire pour me mettre en état de remplir, d'une manière supportable, ces difficiles et importantes fonctions. Je n'ai pas encore eu à porter la parole et c'est là surtout où le bât me blesse. C'est demain matin que je dois requérir pour la première fois ; j'espère pouvoir te dire, avant le départ du courrier, comment, à mon avis, cela se sera passé.

Nous sommes depuis quinze jours en suspens, non seulement pour notre départ, mais encore pour notre destination. Nous devions d'abord, comme tu sais, aller à Chihuahua ; ensuite on a parlé d'aller s'embarquer à Mazatlan pour la Sonora ; puis, il s'est agi de nouveau de Chihuahua ; enfin, depuis ce matin, ça serait à Mazatlan que nous irions ; nous partirions le 25 ou le 26. L'expédition de la Sonora paraît décidée. Elle sera longue et pénible, et, à mon sens, cela nous fera rester au moins un an au Mexique de plus que je ne comptais. Il ne faudra donc pas songer à nous revoir avant la fin de 1866.

Cela te paraît long, à moi aussi, je t'assure. Cependant, ne va pas me plaindre outre mesure, car j'ai bien des compensations. D'abord, la vie que je mène ne me déplait pas ; ensuite, je me fais une fête de traverser les Andes, de voir le Pacifique, de m'embarquer dessus et d'aller parcourir cette Sonora si fantastique, si peu explorée et encore toute chaude du sang de cet aventurier héroïque, Raousset de Boulbon.

Quand il était question de Chihuahua, on devait aussi aller en Sonora, mais on devait y aller directement, à travers des montagnes et par des chemins impossibles. Nous aurions eu à faire au moins trois cents lieues par terre avant d'y arriver, par un pays désert et sans ressources. La combinaison actuelle me sourit bien davantage ; d'abord la route est bien moins longue, ensuite nous trouverons dans les ports de mer tout ce dont nous aurons besoin. Dieu veuille donc que cette décision du maréchal soit définitive.

J'ai continué toute cette quinzaine à me plaire à Durango. Nous avons encore un grand bal le 24 et je voudrais bien que notre départ n'ait lieu que le 26, pour pouvoir y aller. Quoique mon amour pour la danse soit bien diminué, il est cependant encore assez grand pour mon âge. C'est un privilège de ma carrière de rester jeune plus longtemps que ceux qui usent à leur aise de tous les plaisirs et qui n'en sont jamais privés.

Tu me fais un peu plus vieux capitaine que je ne le suis réellement. Ce n'est pas huit ans de grade que j'aurai le 27 mars prochain, mais seulement sept ans. Je ne suis cependant que le troisième par ancienneté de tous les capitaines du bataillon présents au Mexique. Nous n'avons pas encore eu une seule nomination de chef de bataillon ; les deux qui marchent avant moi sont cependant proposés. Quant à l'âge, je suis toujours le plus jeune.

Mon commandant est un brave homme que j'aime beaucoup ; mais il n'a pas d'influence et pas de volonté ; le dernier qui parle a toujours raison. Je ne m'occupe pas de ma décoration. Au point où j'en suis, elle ne me fera plus plaisir et je l'attends sans impatience, comme on attend un grade à l'*ancienneté*.

Mon lieutenant, de Boisfleury, m'est enfin revenu et je n'en suis pas fâché; outre que c'est un aimable garçon, il vaut toujours mieux avoir ses officiers que des officiers étrangers. Quant à G....., il vient de Mexico à Durango avec le magasin; mais, quand il arrivera, nous serons partis depuis longtemps. Il va du reste passer lieutenant dans quelques mois: le jeune garçon est dans sa septième année de grade: il est des anciens d'E. L. Tu vois qu'il n'y a pas que moi qui sois à plaindre.

...23 décembre.

Le Conseil de guerre a eu lieu ce matin. Je m'en suis tiré mieux que je ne l'espérais. Je n'ai pas eu peur le moins du monde; et, chose étonnante, je n'ai pas bredouillé! Cela tient probablement à ce que je possédais à fond mes trois affaires qui, du reste, étaient des plus simples.

Rien de nouveau pour notre destination et notre départ.

. . . .

Mazatlan, 15 janvier 1865.

J'espère que M... aura reçu par la voie de Panama et San-Francisco les quelques lignes que j'ai pu lui tracer hier pour vous tirer d'inquiétude, à l'arrivée des mauvaises nouvelles qui ont dû parvenir en France.

Nous sommes partis de Durango le 26 décembre, et ne sommes arrivés à Mazatlan qu'avant-hier 13. Ces deux villes sont séparées par la chaîne des Cordillières, et les quatre-vingt-dix lieues qu'il faut faire sont quatre-vingt dix lieues de Sierra, où l'on ne trouve que des sentiers de chèvres, bordés de précipices effrayants.

La première partie de la route a été bonne. Nous étions tout entier au plaisir de faire un aussi beau voyage ; nous jouissions d'un spectacle magnifique, et les difficultés que nous rencontrions se résumaient toujours par la perte de quelques mulets qui roulaient au fond des ravins. Le froid était assez vif, mais nous trouvions dans les immenses forêts qui couvrent les montagnes, des arbres entiers pour faire nos feux. Une fois, nous avons aperçu des têtes de morts attachées aux arbres ; c'était un mauvais présage.

Nous vivions tous, depuis le général jusqu'au dernier soldat, dans une confiance complète. La facilite avec laquelle nous avions sillonné dans tous les sens les hauts plateaux du Mexique, la terreur que nous inspirions aux quelques soldats que l'on était parvenu à atteindre, nous avaient fait concevoir un mépris profond de nos ennemis. La guerre nous semblait terminée, et c'est à peine si nous nous gardions; personne ne croyait au danger !

Nous allions être cruellement détrompés !

Une colonne commandée par le colonel Garnier, et de laquelle faisait partie la 2ᵉ compagnie de mon bataillon, nous précédait de quelques jours. Nous avons appris qu'elle avait eu à enlever, le 1ᵉʳ janvier, une position formidable située à l'entrée des terres chaudes et appelée *Espinaron del Diablo,* c'est-à-dire l'Echine du Diable. Nous savions que les pertes avaient été sérieuses. Notre compagnie seule avait eu quatre tués et quatorze blessés ; mais nous croyions l'ennemi dispersé dans les montagnes et frappé de terreur par cette première rencontre avec les Français, qu'il n'avait jamais vus.

On disait cependant qu'il y avait quelques guérillas dans les bois et qu'il était très difficile d'avoir des courriers. Nous vîmes, en effet, l'un d'eux pendu au bas de l'Espinaron del Diablo. Cette position était en vérité terrible, et la vue et l'odeur nous prouvaient que la lutte avait été vive. Les cadavres qui gisaient sur le bord des ravins n'étaient rien auprès de ceux qui devaient être au fond.

Nous continuâmes cependant à avancer avec confiance. Nous étions le 9 janvier à Las Iguanas. Le pays est montueux et très boisé. Les vivres commençaient à nous manquer. Nous apprenons que les deux fournisseurs français que l'Intendant avaient envoyés nous acheter du sucre et du café à un village des environs appelé la Noria, avaient été pris par l'ennemi. Le même soir nous couchions à Los Veranos. Nous avions avec nous un convoi de mulets assez nombreux; d'autres mulets chargés de marchandises, appartenant à des négociants, voyageaient à notre suite pour profiter de notre protection.

On laissait, comme on a coutume de le faire, quand il n'y a pas de danger, les mulets paître, même en dehors des avant-postes. Dans la nuit, on entend tout à coup des coups de fusil, et l'on apprend que soixante-dix mulets, de notre convoi, viennent d'être enlevés. Les chasseurs d'Afrique et la 3e compagnie du bataillon partent immédiatement, mais ils ne parviennent à atteindre que la queue d'une colonne et à sabrer cinq hommes. Un officier Suédois, servant aux chasseurs d'Afrique, revient avec une balle dans l'épaule.

Nous étions fort embarrassés, n'ayant plus de mulets pour notre convoi. On requiert ceux des négociants, et l'on charge ce qui est indispensable. Le reste est laissé avec les marchandises et 20,000 piastres des négociants à Los Veranos, sous la protection de la 4e compagnie de mon bataillon, forte de 78 hommes avec un lieutenant et un sous-lieutenant.

La colonne part et va coucher à quatre lieues de là, à Signeros.

Le lendemain matin, 11, au moment où nous allions partir, un fourrier, avec deux chasseurs sanglants, noirs de poudre, conduits par un Français, arrive au camp et annonce que sa compagnie, attaquée la veille au soir par 800 hommes, est détruite, que son lieutenant, blessé, ne pouvant pas avancer, l'a envoyé avertir le général. Il a erré toute la nuit dans les bois, ne connaissant pas le chemin. La foudre qui serait tombée à nos pieds ne nous aurait pas plus abasourdis !

Telle était notre confiance, que pas un de nous ne croyait cette compagnie en danger, non pas d'être détruite, mais même d'être attaquée ! On se mit en marche, non pour Mazatlan, mais pour Los Veranos. Ma compagnie (la 5e), formait l'avant-garde de la colonne. Nous savions que nos malheureux camarades, après s'être défendus héroïquement pendant deux heures, dans l'église et dans deux maisons, avaient été enfumés, l'ennemi ayant mis le feu aux portes ; qu'alors ils avaient essayé de se frayer un passage à la baïonnette et que plusieurs avaient réussi ; seulement ils étaient disséminés dans les bois.

Nous allions donc en rencontrer très probablement.

Notre anxiété était à son comble. Nous interrogions les broussailles d'un œil furieux. Nous ren-

contrâmes d'abord un chasseur. Il était tête nue
et sans habit (la compagnie avait été surprise pendant qu'elle mangeait la soupe), mais il avait sa
carabine. Il avait erré toute la nuit! Plus loin,
nous vîmes un caporal, un sergent et un chasseur,
plus loin enfin le lieutenant, le bras cassé, et le
sous-lieutenant, une carabine à la main, un caporal
et un chasseur avec un coup de lance dans la
poitrine et une balle dans le bras. Tous ces
hommes avaient leurs armes; ils étaient calmes
et fiers. C'était là tout ce qui avait pu traverser
la muraille vivante qui les entourait; comme
c'était la nuit, ils s'étaient perdus dans les bois et
avaient erré par petits groupes.

Enfin, nous arrivons au village. Ma compagnie
le traverse au pas gymnastique pour aller prendre
position. Tous les habitants avaient fui, l'église et
les deux maisons où s'était enfermée la compagnie,
brûlaient encore. Le sol et les chambres étaient
jonchés de cadavres. En passant, je pus voir encore
un bras s'agiter au milieu d'eux. Avant tout, on
s'occupa de relever les cadavres et de les reconnaître. Pour quelques-uns, ce n'était pas facile,
car chose horrible à dire, les cochons leur avaient
mangé la figure! Nous en comptions dix-huit.
Deux respiraient encore mais ils sont morts presque
de suite. Le bras que j'avais vu s'agiter était celui
d'un sergent, brave et loyal serviteur, affreusement mutilé, les doigts coupés, la jambe cassée,
le crâne ouvert. Il a dû bien souffrir!

On voulait enterrer les morts dans l'église, mais l'ennemi y avait mis les siens. On creusa une grande fosse sous des bananiers pour nos dix-huit malheureux. Pendant ce temps on avait poussé quelques reconnaissances, car on soupçonnait la présence de quelques cavaliers aux environs. Au moment où un poste venait de prendre l'emplacement qui lui avait été désigné, il était assailli; quatre hommes tombaient, deux tués, deux mortellement blessés. Tout le camp prenait les armes, et nous nous élancions à la poursuite de l'ennemi que nous atteignîmes et auquel nous fîmes chèrement payer son audace. Malheureusement cette revanche nous coûta chère encore. Le commandant des chasseurs d'Afrique, M. de Montarby, jeune chef d'escadron du plus grand avenir et son trompette furent tués.

Au retour, nous n'eûmes que le temps de manger un morceau de biscuit sur le pouce, et toute la colonne se dirigea sur la Noria. Avant de partir, le général fit mettre le feu au village, dont les habitants étaient évidemment de connivence avec les guérillas, dans l'attaque de la veille. Ma compagnie était toujours d'avant-garde. La route de la Noria était marquée par les cadavres de ceux que nos chasseurs avaient tués dans la charge. Nous nous attendions à chaque instant à rencontrer l'ennemi. Il n'en fut rien cependant, et nous occupâmes le soir le village sans coup férir, bien que nous nous soyions élancés dessus comme s'il devait être défendu.

Nous étions déjà plus prudents. Le lendemain, 12, nous trouvions pendus à deux arbres, à la sortie de la Noria, les deux malheureux fournisseurs français, qui étaient venus nous acheter du sucre et du café. — Nous rencontrions une colonne sortie de Mazatlan pour venir nous apporter des vivres, et le 14, nous entrions tous ensemble à Mazatlan.

Mais qu'étaient devenus tous les hommes de la 4ᵉ compagnie dont nous n'avions pas retrouvé les cadavres, et qui cependant avaient disparu? Plusieurs avaient dû mourir ensevelis sous les décombres d'une des maisons, encore brûlante et qu'il avait été impossible de fouiller; d'autres avaient dû mourir dans les broussailles, à la suite de blessures reçues, quelques-uns s'étaient probablement perdus dans les bois; le reste devait être prisonnier. Trois d'entre eux sont, jusqu'à présent parvenus à s'échapper; l'un est revenu au moment où nous nous mettions en route pour la Noria, l'autre était arrivé à Mazatlan avant nous, avec une balle dans les reins, le troisième est arrivé hier, en chemise et en caleçon. D'après leurs dires, il y aurait une quarantaine de prisonniers, la moitié blessés, avec les doigts coupés. On tuerait ceux qui ne seraient pas d'une obéissance et d'une douceur à toute épreuve.

Tous trois se sont glissés dans les broussailles, et ont essuyé plusieurs coups de feu en fuyant. Je crains qu'on ne finisse par les fusiller ou par

les pendre, car considérant les guérilas comme
des brigands, nous avons l'habitude de fusiller
tous ceux que nous prenons les armes à la main.

C'est une guerre sans trève ni merci!

En arrivant à Mazatlan, nous apprîmes le désastre de la compagnie de turcos et de celle des
fusiliers' marins.

Nous sûmes que la colonne Garnier avait été
harcelée tous les jours dans sa marche, et que le
seul sergent intact de notre 2ᵉ compagnie avait
encore été tué. Nous comprîmes alors que les gens
des terres chaudes et surtout ceux de la Sinaloa et
de la Sonora, ne ressemblaient en rien aux Mexicains des autres provinces, et que c'était une
guerre difficile *qui commençait*.

16 janvier.

Mazatlan me paraît une petite ville assez agréable.
Elle est habitée en grande partie par des étrangers et surtout par des Américains. Nous y sommes
assez mal vus. Bien que la date de ma lettre semble protester contre mon dire, je t'affirme que je
souffre beaucoup de la chaleur depuis mon arrivée,
et que je suis dévoré par les moustiques. Il y a, en
ce moment, plusieurs navires français en rade avec

l'amiral M..... J'ai vu deux lieutenants de vaisseau, MM. B..... et S..... qui ont été embarqués avec E..... sur la « Bretagne » et la « Ville [de Paris ». Ils m'ont parlé d'E... dans des termes qui ont vivement flatté mon orgueil fraternel, et en même temps, avec une chaleur de cœur, qui m'a ému ! Tous deux m'ont chargé de les rappeler au souvenir de ce cher frère.

Tu comprends que dans ce moment tous les projets sont suspendus. On va, en attendant les ordres du maréchal, purger la Sinaloa des bandes de guérillas qui l'infestaient.

Il part demain deux colonnes. Dans chacune d'elles il y a une compagnie de chasseurs. C'est à mon tour de marcher. Je ne sais pas encore de laquelle des deux colonnes je fais partie, ni qui les commandera. Je ne sais pas davantage où nous allons. Je suppose que nous essaierons de tirer une vengeance éclatante des échecs que nous avons subis. Je suis prêt à tout, et je m'attends à une expédition sérieuse.

J'espère que cette longue lettre t'intéressera. C'est, à vous tous qu'elle est destinée, et je désire qu'elle me vaille une lettre de plus de l'un d'entre vous. Ne m'abandonnez pas au moment où j'ai le plus besoin de tout mon courage.

P. S. Nous sommes censés nous être reposés trois jours ici. Je suis cependant aussi fatigué qu'en arrivant. Je n'ai pas un instant de repos.

Tout ce que je demande, c'est que mon âme soit toujours à la hauteur des circonstances qui se présenteront et il faut quelquefois, je t'assure, qu'elle s'élève bien haut.

Adieu encore, et mille baisers.

Mazatlan, le 15 février 1865.

La chaleur dont nous souffrions, à la fin du mois dernier, n'était pas naturelle ; aussi nous a-t-elle amené une effroyable tempête, comme, de mémoire d'homme, on n'en avait point vu sur ces côtes, en cette saison. Notre pauvre escadre a eu beaucoup à faire pour lutter contre le vent de la mer, le mouillage de Mazatlan étant déplorable. Le transport *le Rhin* a été jeté sur les rochers où il est encore ; les autres navires n'ont pu échapper à une perdition qu'en gagnant la haute mer. Deux navires de commerce français ont été perdus aussi ; un navire américain n'a été sauvé qu'en venant s'échouer sur le sable. C'était un navrant spectacle que de contempler tous ces pauvres vaisseaux luttant contre la tempête et de ne voir que notre pavillon de maltraité, au contentement dissimulé des habitants qui nous détestent. Heureusement le désastre n'a été que matériel ; personne n'a péri.

Nous sommes absolument bloqués dans Mazatlan

et la situation, loin de s'améliorer, semble empirer tous les jours. Tu vas en juger par le récit de ce qui s'est passé depuis le dernier courrier.

Il y a toujours trois compagnies qui gardent les retranchements défendant la ville du côté de la terre. Elles sont relevées tous les cinq jours. La mienne a fait cette corvée la semaine dernière. Nous avons deux grosses colonnes dehors, composées chacune de six compagnies et d'un escadron. L'une occupe un village appelé la Noria ; l'autre parcourt le pays où nous avons opéré la quinzaine dernière et a l'ordre de brûler les villages, quand ils sont abandonnés par les habitants. Triste moyen de civilisation !

De plus, dimanche matin, 12 février, deux compagnies sont encore parties pour aller porter des vivres à la Noria.

J'étais descendu de ma garde samedi soir ; j'avais invité avec moi M. B..., lieutenant de vaisseau, pour le lendemain dimanche. Je me promenais donc avec lui vers six heures du soir et nous nous dirigions vers le dîner, lorsque je rencontre mon commandant qui me dit qu'il faut partir *de suite* avec ma compagnie, pour appuyer un escadron de chasseurs d'Afrique. Je m'excuse auprès de M. B..., qui va dîner à l'hôtel ; je rentre chez moi changer, j'avale une assiette de soupe, je fais mettre du pain, du vin et un morceau de viande dans le sac de mon cuisinier et, une demi-heure après avoir été prévenu, j'étais avec ma compagnie en dehors de la garita, avant même que l'escadron de chasseurs d'Afrique ne fût sorti.

Voici ce qui s'était passé : quatre ou cinq cents mules, appartenant ou ayant appartenu à l'administration, allaient paître tous les jours, à quatre ou cinq kilomètres de la Garita, sous la garde des arrieros. Une troupe mexicaine avait l'habitude de les protéger, mais elle était partie depuis quelques jours. Les Guerillas, informés, ont exécuté un coup de main hardi et viennent d'enlever le tout.

Les chasseurs d'Afrique ont ordre de poursuivre la bande et de ramener les mules ; moi, d'appuyer la cavalerie.

Nous nous mettons en marche à six heures et demie du soir. La cavalerie part au trot, le terrain étant favorable ; moi, je marche le plus vite possible.

A quatre kilomètres de la ville, au premier village, presque un faubourg, je trouve pendu à un arbre un pauvre français, aide du fournisseur de viande, qui avait été au devant du troupeau et qui était tombé entre les mains de ces bandits. Il y avait à peine quinze jours qu'il était libéré du service militaire. Il était sergent au 51e de ligne et avait reçu la médaille militaire après le combat de San Lorenzo. On me dit qu'il était encore chaud ; je le fais dépendre et je l'envoie à Mazatlan par des arrieros ; mais il était bien mort.

Une fois arrivé à trois lieues, à un village appelé

El Venadillo, la cavalerie s'était arrêtée. Je la rejoins. Là nous apprenons que les mules ont été divisées et qu'elles ont une heure et demie ou deux d'avance sur nous. Nous nous décidons à continuer la poursuite, d'après les renseignements ; nous prenons, comme toujours, un guide de force et nous voilà partis dans les montagnes et les bois. Cette fois, ma compagnie marchait la première, la cavalerie suivait ensuite. Dans un mauvais pas, nous voyons un homme ; le sergent d'avant-garde crie qui vive ? deux de mes hommes font feu et j'ai toutes les peines du monde à empêcher d'autres de les imiter. Le malheureux n'avait pas heureusement été touché ; il nous donne des renseignements précis sur la bande de voleurs et sur les mules ; nous le prenons pour guide, celui que nous avions ayant profité du moment d'étonnement, causé par les coups de feu, pour se glisser dans la broussaille. Nous arrivons à un village nommé Laval où nous espérons trouver nos mules. Nous y entrons au pas gymnastique et la baïonnette au bout de la carabine. Rien, hélas ! Elles étaient parties. Nous allons encore à deux lieues plus loin, jusqu'au Potréro et nous ne sommes pas plus heureux. Il était alors minuit et demie ; nous n'avions pas cessé de marcher depuis six heures et demie. Le capitaine de cavalerie, qui commandait, étant plus ancien que moi, nous laissa une demi-heure de repos. Nous en profitâmes, mon lieutenant et moi, pour manger un peu. Puis, il fut décidé que nous avions fait tout ce que nous pouvions pour rattraper les mules et que, n'ayant pas de vivres, force nous était de retourner sur nos pas. Nous retournâmes de suite jusqu'à Laval où nous laissâmes nos hommes se reposer jusqu'au jour. Je passai deux heures et demie sur une botte de paille de maïs et, ma foi, je ne dormis pas trop mal. A six heures nous repartions et à dix heures nous étions de retour à Mazatlan, après une course de treize lieues et demie.

Le matin même deux autres compagnies étaient parties, avec quatre jours de vivres et dans des directions différentes, pour battre le pays. De sorte que dans ce moment il y a dix-huit compagnies ou escadrons dehors ! Il ne reste à Mazatlan, outre les trois compagnies de garde, que ma compagnie, un escadron de cavalerie et deux compagnies de la ligne. On ne peut cependant pas aller à trois kilomètres de la ville, sans crainte d'être pendu, si l'on est Français. Ce matin on voyait encore des guérillas sur la plage ; l'escadron est sorti et ils se sont enfuis.

Telle est notre situation, beaucoup plus ridicule que dangereuse, comme tu le vois.

Avec cela, je suis énormément occupé, je suis maintenant rapporteur près le conseil de guerre. Ne vas pas croire, si je ne suis plus commissaire impérial, que c'est qu'on n'a pas été content de moi. On change souvent ceux qui remplissent tous ces emplois, à cause des départs des troupes.

Je suis rapporteur aujourd'hui, je serai commissaire impérial demain et ainsi de suite et ainsi des autres. Lorsque le conseil a été réformé ici, j'étais absent ; j'étais en colonne avec le colonel Garnier et je remplace comme rapporteur un de mes camarades, parti lui-même depuis mon retour.

Que diras-tu, de cette lettre si longue et détaillée. J'espère qu'elle vous intéressera tous et que vous ne trouverez pas indignes d'être rapportés tous ces petits incidents, tous ces petits faits, que j'aime à écrire, parce qu'ils peignent la situation, mieux que de longs discours.

Quand je pense qu'il y a des gens qui disent que le métier d'officier est un métier de fainéant ! ! !

15 février, soir.

Je viens d'apprendre, ce soir, que les guerillas ont enlevé deux cents mules, au village de la Noria, et qu'ils ont pendu deux soldats français, qui s'étaient éloignés des avant-postes. Ils ont pendu une femme, à quelques kilomètres d'ici, parce qu'elle apportait des denrées à notre usage. Voilà les bruits de la journée. Je ne réponds pas de leur vérité.

Ma santé est toujours excellente et mon moral au niveau de ma santé, bien que je prévois des difficultés sans nombre à l'accomplissement de notre tâche, et que mon retour en France ne paraisse maintenant remis aux calendes grecques.

16 février.

Je remonte aux avant-postes ce soir, c'est agaçant.

Noria, 2 avril 1865.

... Notre situation est toujours la même ici. Nous courons toujours beaucoup, mais, heureusement, nous venons d'avoir deux petits succès.

Le 24 mars, je parvins à surprendre un parti de guerilleras fort de soixante-dix à quatre-vingts hommes, avec une petite colonne dont j'avais le commandement. Je fis charger l'ennemi par le peloton de chasseurs d'Afrique que j'avais avec moi; je le mis en pleine déroute; je lui tuai ou blessai de vingt-cinq à trente hommes et je pris vingt-huit chevaux et dix-huit armes. De notre côté, nous n'avons à regretter la perte que d'un maréchal-des-logis de chasseurs d'Afrique, frappé d'une balle à la tête.

Un de mes camarades a fait aussi l'autre jour un bon coup : il a surpris l'ennemi au moment de la réunion des principaux chefs. Il en a tué deux et fait une prise de chevaux et de mulets considérable. Tu sais que la guerre est comme le jeu, qu'il y a des veines : spérons que la mauvaise est passée et que c'est une main qui commence.

Nous avons besoin de sortir souvent et de couper l'ennui par la fatigue. Nous sommes campés et exposés à un soleil torride. Nous avons fait construire des gourbis, sans cela la situation ne serait pas tolérable. C'est égal, nous ne sommes pas bien. Il y a déjà un mois que cela dure et je crains bien que nous n'en ayons encore pour longtemps.

Noria, 6 avril 1865.

Me voilà revenu de ma sortie de quatre jours dont je parlais à..... Nous n'avons rien vu d'extraordinaire ; nous sommes rentrés cette nuit à minuit et demie, ayant fait nos huit lieues depuis six heures du soir.

Tu ne peux te figurer les fatigues que nos pauvres soldats ont à supporter depuis que nous sommes dans la Sinaloa. Heureusement que ce sont des soldats de choix, épurés par un séjour de deux ans et demi sous ce climat et par des marches insensées, ce qui assure un choix sévère et sans passe-droits.

Cela n'empêche pas le maréchal Bazaine d'être,

quand il s'agit de les récompenser, d'une parcimonie sans pareille. Imagine-toi que, pour l'enlèvement de l'*Espinosa del Diablo*, où la 2ᵉ compagnie de mon bataillon avait eu cinq tués et quatorze blessés, il n'a donné que trois médailles, et que, pour l'affaire de Los Veranos, où la 4ᵉ compagnie toute entière a succombé, il n'en a donné que trois également !

Heureusement pour lui que l'Empereur est moins chiche quand il s'agit d'accorder le bâton de maréchal de France.

Est-ce donc que toutes ces difficultés inattendues viennent gêner la rédaction de leurs rapports officiels et qu'il leur est dur d'accorder des récompenses, qu'ils savent méritées, mais qui seraient un démenti donné d'avance à leurs assertions.

Enfin, nos pauvres soldats doivent regretter Paris, où, toutes les fois que leur Empereur daigne monter à cheval et les passer en revue, ils recueillent certainement plus qu'en s'éreintant à arpenter du Sud au Nord, et de l'Est à l'Ouest, l'empire de Maximilien, en se battant de temps en temps et en recevant quelques horions ou contractant le germe de quelque maladie.

Les lieutenants et sous-lieutenants de chasseurs ne sont pas plus heureux que les soldats. *Tous les choix* sont pris en France; on ne leur *réserve* que ceux vacants au Mexique et, comme les capitaines au Mexique ne meurent pas et ne passent pas chefs de bataillon, il en résulte qu'ils voient tous les choix, faits en France, pris derrière eux et qu'ils perdent énormément à être en campagne. Tu vois que je ne suis pas le seul à plaindre.

J'ai, du reste, une bonne nouvelle à te donner. Mon commandant me propose pour la croix à la suite du petit combat que j'ai dirigé, dont la relation est dans ma lettre à A...

Je ne sais si cette proposition aura une suite. Elle ne me causera qu'une joie modérée, si elle aboutit ; je serai décoré à la suite d'une affaire, cela est vrai ; mais je ne puis oublier mes dix-sept ans de service, mes six campagnes et mes sept ans de grade de capitaine ! Si elle n'aboutit pas, je m'en consolerai par les raisons précédentes qui m'assurent la croix sous peu, à mon tour, et par l'espoir de la mériter une fois de plus.

Le seul avantage bien réel que je retirerais de la décoration, si je l'obtenais cette fois, serait de pouvoir être proposé pour le grade de chef de bataillon à l'inspection générale, ou à tout combat où je me distinguerais. Je vais te faire toucher l'avantage du doigt : demain j'aurais la jambe ou le bras emporté ; on me le paierait, ou plutôt on prétenderait me le payer d'un bout de ruban ; quand je serai décoré, il faudra, pour cela, une rosette ou de la graine d'épinards. . . . . . .

Guaymas, 20 juillet 1865.

.... Toutes les fois que le courrier arrive et que j'ai lu vos lettres, je suis toujours triste et mélancolique pour plusieurs jours et je suis envahi par un immense désir de retour.

Ce retour pourrait bien ne pas tarder autant que je le craignais d'abord. Les affaires vont à merveille dans la Sonora. Bien que nous n'ayons pas encore bougé de Guaymas, le pays s'est déclaré pour l'intervention. Un parti d'Indiens, avec quelques troupes qui se sont prononcées, ont été délivrer à Oposura, à quatre-vingts lieues dans l'intérieur, les malheureux prisonniers de l'affaire de San Pedro, près de Culiacan. Nous les avons vus revenir il y a quelques jours. Il y avait le capitaine de frégate Gazielle, deux aspirants, un docteur et trente-deux matelots; puis, deux officiers de turcos et vingt-trois soldats. Ils n'avaient pas trop l'air misérable. Ont-ils eu de la chance! Quand je pense que ce tigre de Corona a fait massacrer les quarante malheureux chasseurs qui sont tombés entre ses mains à Los Veranos et qui ne s'étaient rendus que sur l'assurance qu'ils seraient bien traités. On n'en a rien dit en France. On a eu tort. Ce serait bon pour calmer la philanthropie de certains journalistes qui s'apitoyaient, ma foi trop, sur le sort de Porphirio Diaz et autres. . . . .

Llano, 2 mai 1865.

Nous sommes affreusement mal à la Noria : nous souffrons beaucoup de la chaleur qui est accablante, et de la poussière, qu'un vent chaud nous soulève toutes les après-midi. Nous n'avons pour abris que nos tentes, pendant la nuit, et des gourbis de feuillage pendant le jour.

Nos courses deviennent moins fréquentes : les bandes ont, pour le moment, abandonné nos environs et le général a donné l'ordre de ne pas trop fatiguer les soldats, en vue des expéditions prochaines.

Nous en faisons cependant toujours de temps en temps. Ainsi nous sommes partis de la Noria le 28 avril et nous sommes arrivés ici, à une quinzaine de lieues, après des marches de jour et de nuit très fatigantes, par des chemins de chèvres au milieu des montagnes.

Le pays est magnifique : le rancho de Llano est entouré de bananiers et de cannes à sucre. J'aimerais mieux, pour ma part, les pommiers de la Normandie !

Une partie de notre colonne a été aussi à un village appelé Zaragosa, à une lieue d'ici, où il y a une mine : comme c'est un repaire de Chinacos, c'est ainsi qu'on appelle les Mexicains qui nous combattent, et que tous les habitants avaient fui, on a livré le village aux flammes.

Notre présence au Llano permet aux habitants de la Noria, qui sont venus avec nous, de faire leur récolte et de réunir leur bétail, errant dans les bois. Ils n'ont vu, en fait de Chinacos, qu'une quinzaine de gaillards, auxquels ils ont donné la chasse : ils en ont tué un, en ont pris un autre qui sera inévitablement fusillé ! Ils ont repris une de nos carabines de Los Veranos. Un d'eux, le fils d'un des plus importants personnages de Noria s'est tué avec son arme en sautant un rocher. Comme ils n'étaient pas rassurés, il a fallu envoyer une section à leur secours : mon lieutenant est donc parti sans dîner et a couru toute la nuit dans les ravins.

Voilà, hélas ! à quoi se réduit notre petite expédition. Tant qu'on est soutenu par l'espoir de faire quelque bon coup, — et on l'espère chaque fois en dépit des déceptions passées, on supporte avec gaîté les fatigues inouies de ces marches par ces chemins et cette chaleur. Mais quand l'excitation est tombée, quand l'espérance s'est évanouie, on éprouve un profond découragement et on se demande si c'est bien un rôle digne de troupes organisées, que cette chasse à quelques brigands, que ces marches qui n'ont d'autre but que de protéger les récoltes ou de réunir quelques bœufs.

Nous partons demain pour retourner à la Noria. Comme nous n'y arriverons qu'après-demain soir, bien fatigués, et que le courrier partira de suite pour Mazatlan, je prends mes précautions et j'écris d'avance. Je suis, du reste, presqu'aussi commodément pour écrire ici que là-bas : il y a moins de vent et le citronnier, qui me prête son ombre, vaut bien mon gourbi de la Noria.

Il y a bien une espèce de case ou de maison, où mes camarades se sont installés, mais j'aime mieux être en plein air. Sous ma tente, je n'ai à souffrir que des moustiques ; dans ces maisons, il y a outre les moustiques, des légions de puces qui me rendent fou.

Mais ce n'est pas devant toi que je puis me plaindre et, en réalité, je ne suis pas à plaindre : je fais mon métier et, s'il est dur parfois, il procure de temps à autre de grandes jouissances, auxquelles je suis très sensible ; et puis, si bien des illusions m'ont abandonné, l'avenir n'en est pas moins libre et dégagé devant moi,

Ton père a bien raison d'aimer la campagne. Plus je vais, plus il me semble que c'est le genre de vie où l'on doit être plus heureux, et, quand je me mets à rêver, c'est toujours dans une bonne maison de campagne, loin des fracas de ce monde, que mon esprit me transporte. Le village, d'Octave Feuillet, renferme, à mon sens, un profond enseignement, que ceux qui ont envie de courir le monde feraient bien de méditer.

Noria, 15 mai.

L'homme propose et Dieu dispose. Arrivés à cinq lieues de la Noria le 3, à neuf heures du soir, nous y avons trouvé des vivres et l'ordre de revenir à Zaragosa pour couper la retraite à l'ennemi poussé de notre côté. Nous avons encore expéditionné pendant quelques jours dans des montagnes de plus en plus difficiles, par une chaleur qui augmente tous les jours. Le résultat est que les bandes n'ont pas passé par Zaragosa, mais qu'elles sont arrivées à San Ignacio, où elles voulaient aller, en faisant, il est vrai, un grand détour; nous ne sommes rentrés à Noria que le 12, assez fatigués. Nous allons repartir demain ou après pour aller purger San Ignacio, puis nous reviendrons ici pour recommencer quelques jours après.

Ma lettre n'a donc pu partir par le courrier que j'espérais; je vais tenter de l'envoyer par Panama, s'il en est temps, pour que vous ne soyez pas un mois sans nouvelles.

Je commence déjà à avoir l'estomac fatigué et je songe à aller une saison aux eaux de Vichy, à ma rentrée en France.

Mon sous-lieutenant, G..., qui était resté à Mexico, vient de rejoindre la compagnie. Mais ce n'est que pour la quitter de suite, car le courrier que nous attendons avec impatience, va lui apporter sa nomination de lieutenant, à l'ancienneté, après six ans et demi de grade ! Je le regretterai, car c'est un bon petit garçon, plein de cœur, pas faiseur, et qui méritait certes plus de passer au choix, après deux ans et demi de campagne, que ceux qui se pavannent en France, sur les boulevards ou ailleurs. C'est cependant là qu'on prend les choix.

Mazatlan, 30 mai 1865.

J'ai le plaisir de t'annoncer que je viens d'être décoré pour l'affaire dont je t'ai parlé dans le temps. Bien que cette distinction ait été bien lente à me venir, je suis certain que tu en ressentiras cependant un vif plaisir et qu'il sera partagé par toute la famille.

Pour ma part, je suis content aussi, mais je n'en suis pas plus fier qu'avant. Maintenant, je serai comme tout le monde, tandis qu'avant on était en droit de se demander si je n'avais pas quelque péché sur la conscience ou si je n'avais pas pour habitude de me cacher dans les combats.

J'éprouve cependant une certaine satisfaction à être décoré à la suite d'une proposition spéciale, pour une affaire où je commandais. Toute ma crainte était de ne l'être qu'à une des époques fatidiques, c'est-à-dire à mon tour de bête.

Ma compagnie a heureusement quitté la Noria le 27 pour être détachée. Je m'embarque demain matin sur le *d'Assas*, avec ma première section, pour Guaymas. La deuxième section reste provisoirement à Mazatlan avec mon lieutenant.

A ma dernière lettre nous étions en partance à la Noria pour une tournée. Elle a duré six jours et a été plus fatigante et plus insignifiante que toutes les autres. C'est à la Noria que je suis resté le plus longtemps depuis que je suis au Mexique. J'y suis resté six jours de plus qu'à Toluca. Mais heureusement que tout mon temps s'est presque constamment passé en expéditions diverses. Jamais je n'ai été si mal que les jours de séjour dans cette affreuse Noria !

Il fait une épouvantable chaleur et je viens d'en être un peu éprouvé. Je ne pouvais plus manger et j'avais constamment envie de vomir. Cela m'a duré quatre jours. Aujourd'hui, je vais bien.   .   .

Hermosillo, 9 août 1865.

Comment croire que je suis en pleine Sonora, à plus de 3,000 lieues de vous, quand, régulièrement tous les quinze jours, m'arrivent de bonnes lettres, qui me font vivre pour ainsi dire avec vous ?

Ma situation, depuis la lettre que j'ai écrite, il y a quelques jours, à .... et qui, si je ne me trompe, partira par le même courrier que celle-ci, est tou jours la même à Hermosillo. Je ne m'y trouve pas mal du tout et je jouis avec satisfaction, d'un repos absolu.

Les affaires politiques et militaires vont toujours parfaitement en Sonora. La guerre y est finie, et, si les troupes françaises s'avancent encore plus au cœur du pays, ce sera pour rassurer et organiser, et non pour combattre.

Malheureusement on ne trouve pas un Mexicain qui ne vous dise que Maximilien restera sur le trône tant que les Français occuperont le Mexique, mais que le jour de leur départ, il sera renversé. Triste augure ! qui semble présager une occupation indéfinie ou un retour ridicule.

Je ne fonde pas moins toujours quelques espérances de rentrée, sur la diminution d'effectif que fera subir à mon bataillon la libération de la classe, si nombreuse de 1858. Mais, si au lieu de nous faire rentrer, on nous envoie des hommes, je ne vois plus de terme à notre séjour ici.

J'ai été, en effet, comme je l'écrivais sous une forme dubitatrice, cité à l'ordre de l'armée, pour mon petit combat de Sinaloa.

J'ai donc ce qu'on appelle une citation. Cela se porte sur les états de services.

Mon commandant, en m'annonçant cette nouvelle, ajoute qu'il me propose avec le numéro 3, pour le grade de chef de bataillon. Je ne sais si le général me maintiendra, mais cela est de peu d'importance, car mes deux camarades étaient déjà proposés à notre départ de France, et, hélas ! ils sont encore là tous les deux.

Guaymas, 12 juin 1865.

.... Me voici donc enfin dans la Sonora ! Il semble au premier abord qu'on ne pourra plus m'envoyer plus loin, puisque la Sonora forme la frontière nord du Mexique, mais il ne faut jurer de rien et, pour peu qu'au retour on nous fasse décrire des zigzags dans le genre de ceux de l'aller, nous n'avons pas encore terminé nos pérégrinations à travers cet immense pays.

Guaymas est une ville naissante : ce n'est encore qu'une bourgade, bien qu'il y ait quelques hôtels et quelques maisons très confortables : elle serait appelée à un assez bel avenir, car sa rade est très bonne et très sûre, ce qui est rare dans ces parages. Malheureusement l'eau y est peu abondante et d'assez mauvaise qualité.

Tu ne peux rien te figurer de plus désolé et de plus aride que les montagnes qui enserrent Guaymas de tous les côtés. Il n'y a pas un pouce de végétation. Il paraît qu'il y pleut extrêmement rarement. La chaleur y est accablante : on y est dévoré littéralement par les moustiques et affolé par les mouches. Il est impossible de coucher dans les maisons. On couche dehors : les uns dans la rue, les autres dans les cours ; la plupart, comme moi, sous des vérandas, dont sont pourvues toutes les maisons.

C'est le colonel Garnier, du 51ᵉ, qui commande ici. Il a avec lui son régiment, un escadron de chasseurs d'Afrique, une section d'artillerie, un détachement du génie et moi qui n'ai ici que la première section de ma compagnie, la deuxième section étant toujours à Mazatlan, dans le but de l'expédition de la Paz, en Basse Californie. Je préférerais avoir toute ma compagnie sous ma main, mais je suis cependant très content d'être détaché et de servir sous les ordres d'un chef comme le colonel Garnier. Je serais heureux que nous puissions rencontrer l'ennemi et avoir une petite affaire, car je serais certain d'être à l'avant-garde et de pouvoir faire obtenir quelques récompenses à mes hommes. J'ai dans ma compagnie, depuis notre départ de la Noria, comme sergent, le fils de ton ami Tronchon; je l'aime beaucoup; il est très recommandé au maréchal Bazaine, les moindres coups de fusil que nous aurions à tirer pourraient peut-être lui valoir l'épaulette de sous-lieutenant ! Malheureusement je crois que nous resterons tranquilles pendant la saison des chaleurs. Nous occupons Guaymas et un point appelé le Rancho, à trois lieues sur la route d'Hermosillo. Je ne pense pas que Pesquera qui commande dans ce pays vienne, après la déroute où l'ont jeté il y a quinze jours nos chasseurs d'Afrique, se mettre de nouveau à portée de notre bras.

Nous avons sur rade un bâtiment français *le d'Assas*. Nous entretenons avec les officiers de marine d'excellentes relations. Nous allons dîner à bord : ils viennent dîner à terre et surtout monter à cheval, car tu sais que cela a toujours été la passion prédominante du marin.

J'ai reçu hier un titre de nomination provisoire de chevalier de la Légion d'honneur, avec une lettre charmante de mon commandant. Je suis nommé à la date du 1er mai.

Mon sous-lieutenant G..., après m'avoir rejoint à la Noria quelques jours avant notre départ, m'a définitivement quitté à Mazatlan. Il est nommé lieutenant à l'ancienneté, après six ans et demi de grade de sous-lieutenant et près de trois ans de campagne. Voilà le sort qui attend la plupart des officiers de chasseurs au Mexique, tant tout est bien réglé !

G... rentre en France : il voulait rester au bataillon et permuter avec un vieux lieutenant malade, mais notre commandant n'a pas voulu, à cause du peu d'avancement du Mexique. Cela, en effet, priverait les sous-lieutenants d'une place que leur fera bientôt ce vieux lieutenant. . . . . .

Hermosillo, 13 septembre 1865.

..... Je suis toujours détaché avec la moitié de ma compagnie. J'espère que l'autre moitiée, restée à Mazatlan ne tardera pas à me rejoindre. Je suis fort content de ma position et je demande qu'elle se prolonge le plus possible.

On parle d'un mouvement vers le Nord, où quelques flibustiers américains se sont montrés, comme devant avoir lieu à la fin du mois.

Je ne serais pas fâché d'aller voir un peu ces pays si peu connus et où l'on prétend qu'il y a beaucoup de mines d'or. La chaleur, qui a sensiblement diminué, deviendra, à la fin du mois, supportable ; ce sera alors un voyage d'agrément..... à moins que messieurs les Américains s'en mêlant, cela ne devienne une petite guerre intéressante. Mais, je ne le crois pas : le peu de ressources qu'offrent ces contrées, est un empêchement à la venue de troupes nombreuses qui, faisant la guerre pour leur compte, ont besoin de trouver de quoi vivre au jour le jour. J'écarte naturellement l'hypothèse d'une déclaration de guerre des Etats-Unis, car alors ce serait une autre paire de manches et il faudrait nous préparer à une longue et sérieuse guerre sur terre et sur mer.

J'ai malheureusement fait partie de la Cour martiale qui a eu à juger sept individus accusés de

conspiration contre la sûreté de l'armée française:
deux ont été condamnés à la peine de mort et j'ai
été désigné, comme le plus ancien, pour assister à
l'exécution, bien que ma voix ait été donnée à une
peine plus douce, la déportation. J'ai été vivement
impressionné par ce terrible spectacle. Faire partie
d'une Cour martiale! c'est certainement le plus
grand sacrifice qu'on aît à demander à un militaire..... Malheureusement beaucoup de gens ne
pensent pas comme moi et en parlent bien légèrement. J'ai tout à fait abandonné l'espoir de voir
mon bataillon rentrer, à la fin de l'année, par
suite de la diminution de son effectif, parce que
j'entends dire, de tout côté, qu'on envoie de France
des renforts considérables.

Mazatlan, 17 octobre 1865.

Il y a longtemps que je n'ai donné signe de vie:
c'est que j'ai été très occupé et que, comme tu
peux le voir par l'en-tête de ma lettre, j'ai changé
de résidence. Nous croyions tous rester en Sonora
encore longtemps, lorsque nous avons été surpris
par un ordre de retour à Guaymas. D'abord il
s'agissait d'aller par terre jusqu'à Mazatlan, quelque chose comme deux cents lieues, ce qui ne nous
souriait guère. Heureusement un contre-ordre est
survenu et nous nous sommes embarqués sur *le*

Rhin, qui nous a déposés hier soir à Mazatlan. Nous partons cette nuit pour la Noria, où toutes les troupes se concentrent; de là nous nous mettrons en route, sous peu de jours, pour remonter à Durango. Je vais donc rallier demain mon bataillon et ma 2ᵉ section, dont je suis éloigné depuis quatre mois et demi !

Nous évacuons les États de Sonora et de Sinaloa, nous contentant d'occuper les ports de Guaymas et de Mazatlan. Qu'allons-nous faire à Durango et où irons-nous ensuite? Je n'en sais ma foi rien. Si ce premier pas en arrière est le précurseur de notre acheminement vers Mexico et Vera-Cruz, je n'ai qu'à le bénir; si ce n'est qu'un changement de position sur ce vaste échiquier mexicain, j'aurais préféré rester en Sonora et aller jusqu'à la frontière américaine. Au moins nous avions-là l'attrait de l'inconnu.

J'ai beaucoup regretté Hermosillo. C'est une bonne ville où j'étais fort bien et où je ne manquais de rien. La vie m'y était douce et facile.

Je me félicite de ne pas demeurer plus longtemps à Mazatlan. C'est une ville que je n'aime pas. Cette nuit j'ai été dévoré par une armée de punaises; aujourd'hui, j'ai tant de moustiques autour de moi, que c'est à peine si je puis tenir ma plume ! Aussi n'écrirai-je que cette seule lettre aujourd'hui, bien que je sois en retard avec un bien grand nombre de mes correspondants, mais je subis, en écrivant, un vrai supplice.

Pour en finir avec moi, je te dirai que je continue à jouir d'une parfaite santé. Que n'en est-il de même pour tous ceux que j'aime en France !

Je savais déjà par des officiers de marine l'accident arrivé au *Primauguet*, au Cap. Ta lettre ne m'a rien appris de plus et je brûle, comme nous tous, d'apprendre des détails sur la tempête et surtout de savoir notre cher frère arrivé sain et sauf à Maurice.

Outre les journaux qu'A... m'envoie toujours bien exactement, j'ai déjà reçu de..... six « Revues des Deux-Mondes ». Remercie-le bien de ma part. La « Revue des Deux-Mondes » est assez répandue au Mexique et principalement dans mon bataillon, aussi aurai-je préféré d'autres livres, que j'aurais pu échanger contre des revues ; mais enfin, cela ne fait rien, je m'arrangerai d'autant mieux que peut-être, depuis que j'ai quitté le bataillon, n'y reçoit-on plus la « Revue des Deux-Mondes ».

Je te quitte, car j'ai immensément de choses à faire avant mon départ. Quand cette lettre arrivera-t-elle en France ? Je n'en sais rien, car je n'ai plus la moindre notion des courriers.

. . . .

Durango, 10 novembre 1865.

..... Nous sommes arrivés à Durango avant-hier, après une marche qui a été pénible à cause du froid que nous avons éprouvé en traversant la Sierra Madre.

Ce froid, d'autant plus sensible que nous quittions un climat des plus chauds, nous a occasionné un grand nombre de malades.

Nous n'en partons pas moins pour Guadalajara.

Ne vas pas me demander ce que signifient tous ces mouvements. Nous n'en savons absolument rien.

Je suis, depuis que j'ai rejoint mon bataillon, investi des fonctions de capitaine-major, c'est-à-dire de directeur de la comptabilité, à laquelle je n'entends pas grand chose. Cela m'occupe beaucoup et me prend tout mon temps, pendant les séjours . . . .

Guadalajara, 17 décembre 1865.

Les soixante-douze jours de route que je viens de faire ne m'ont nullement fatigué. Ma santé n'a jamais été meilleure.

Je ne me suis pas non plus ennuyé. J'ai eu du plaisir à revoir les lieux que je connaissais déjà et à visiter ceux que je ne connaissais pas encore.

Zacatecas était de ce nombre. C'est une grande et assez belle ville et surtout fort originale. Elle est située au fond d'un entonnoir et entourée de

mines de tous côtés. Il y règne une grande activité.

Aguas-Calientes m'a paru beaucoup plus joli
qu'il y a deux ans. Cela se comprend : à cette
époque la plupart des familles avaient émigré et
l'on ne réparait ni les rues ni les maisons. Avec la
paix et le bon ordre, des habitants sont rentrés et
on a travaillé à réparer ce qui en avait besoin.

J'ai décrit dans le temps les bains d'Aguas-Calientes et la fameuse allée qui y mène.

C'est toujours aussi original, et hommes et femmes se lavent, se savonnent, avec la même ardeur,
le même simple appareil et le même sans gêne,
sous les yeux des passants.

Nous sommes arrivés à San Juan de las Lagos,
pendant la fameuse foire, si célèbre au Mexique.
Nous y avons même séjourné un jour. Cette foire,
décrite dans presque tous les ouvrages sur le
Mexique, est le Beaucaire et le Nijni-Novgorod de
ce pays. C'est un spectacle réellement fort curieux,
sinon fort joli. Je croyais que les livres exagé-
raient, mais, *tout* ce que j'y ai lu, je l'ai vu. Il n'y
a que les jeux qui manquent, parce qu'ils sont
défendus par l'empereur Maximilien. C'est dommage, car ça devait donner encore plus d'anima-
tion à la ville. Les voleurs aussi, dont les livres
racontent des histoires impossibles, manquent cette
année à la fête, car il y a une très nombreuse garnison mexicaine, qui paraît faire très bien son
service. J'ai vu aussi la fameuse église, une des

plus jolies du Mexique et bâtie avec l'argent prélevé sur les jeux. Il y a, à l'époque de la foire, toutes sortes de neuvaines. Les grands pénitents (il y en avait des centaines) montent à genoux les degrés de l'église et arrivent ainsi jusqu'au chœur; les autres se contentent de faire à genoux le trajet de la porte à l'autel. Tous ont un cierge à la main, qu'on leur reprend et qu'on souffle avec soin, quand ils ont donné leur offrande et baisé je ne sais plus quelle relique.

Ensuite, se croyant blancs comme neige, ils passent à la sacristie, où on leur vend fort cher une foule de petits brimborions qu'ils baisent avec respect.

Pauvres Indiens ! quel clergé est chargé de leur faire connaître la religion catholique !

Guadalajara est toujours une grande et belle ville. J'espère que nous y resterons longtemps, car nous avons bien besoin de repos. J'ai eu la chance d'y trouver un très bon logement et je suis bien installé.

J'ai été dérangé plus de cent fois, pendant que j'écrivais cette lettre, par des signatures à donner, car je suis toujours, et pour un an, capitaine-major. Je n'entends pas grand chose à cette besogne et elle m'occupe un peu, surtout malheureusement, les jours de courriers.

Guadalajara, 30 décembre 1865.

..... Nous sommes probablement à Guadalajara pour longtemps, car mon bataillon l'occupe seul, et, si les Français l'abandonnent, le gouvernement impérial n'y durerait pas une semaine. Il y a cependant ici de très passables troupes mexicaines, mais elles vont partir la semaine prochaine. De plus elles n'inspirent pas la moindre confiance aux habitants.

Je suis encore à me demander la raison de notre mouvement de retraite en Sonora et Sinaloa. Comme je le prévoyais, tout s'est bien maintenu dans le premier de ces deux États, mais le second est de nouveau en feu. La Noria, où le bataillon a passé huit mois, a été entièrement brûlée par Corona et la garnison française de Mazatlan est, comme il y a un an, complètement bloquée ! La tâche que nous remplissons, a plus d'un rapport avec celle qui était imposée aux filles de Danaüs.

J'ai assisté dimanche à une course de taureaux. Je ne sais s'il en est de même en Espagne, mais ici les gens jeunes et comme il faut, ne vont jamais à ces sortes de divertissements, qu'on aurait voulu acclimater en France. La basse classe et quelques vieux Mexicains des deux sexes y assistent seuls. Par exemple, ils s'y amusent de tout leur cœur et il est facile de voir que c'est pour eux une vraie passion.

Les cris d'enthousiasme, les sifflets, les bravos ne sortent pas, comme disent les relations, de la bouche des élégantes senoritas, mais bien de celle des hommes du peuple en sombreros et en zarapes, qui sont juchés sur la balustrade et qui ne manquent jamais l'occasion de piquer le taureau et de l'irriter quand il passe à leur portée.

Ce peuple ingouvernable est d'une obéissance passive dans le cirque des taureaux. Là, rien ne peut se faire sans l'autorisation du président de la course. Quand un toréador vient lui demander quelque chose, le peuple manifeste son opinion par des vociférations, mais, dès que le président a prononcé, tout rentre dans l'ordre et le calme, quelle que soit la décision.

L'autre jour, les taureaux étaient mauvais et on en avait renvoyé un au milieu des sifflets. A la fin on l'a ramené avec des pièces d'argent autour de ses cornes et le populaire a été admis à venir le combattre, pour conquérir l'argent. Enjambait la balustrade qui voulait. Ils étaient là au moins une trentaine, s'exerçant au périlleux métier de toréador. Tout d'un coup mon taureau empoigne un des plus audacieux contre le mur, l'enlève sur ses cornes et le rejette de l'autre côté. Le mâtin, comme d'habitude, ne dit pas seulement ouf! Tu crois peut-être que cet accident va ralentir l'ardeur des autres. Ah ! bien oui, ils ne font pas seulement un pas en arrière ; la musique continue à jouer. On se contente de tirer par les pieds la victime sans mouvement, on la met à l'abri derrière une petite palissade et personne ne s'inquiète autrement de son état. J'ai vu le moment où dix autres avaient le même sort. Un d'eux même, en plantant une banderilla, est blessé à la main. Enfin, le taureau est frappé par le matador de profession, mais il ne tombe pas encore. En vain tout ce peuple l'entoure, il fait reculer les plus entreprenants. Pour en finir, tous ramassent le sable de l'arène et le jettent à l'envi à la tête de l'infortuné taureau, qui, aveuglé, finit par tomber.

Le seul acte de justice et d'humanité de cette séance a été la décision du président, qui a attribué l'argent par moitié aux deux blessés.

Je ne sais si ce récit t'intéressera. L'action elle-même m'a vivement attaché, malgré le dégoût que j'éprouvais souvent, comme étude des mœurs mexicaines.

Guadalajara, 11 Janvier 1866.

Le chasseur Jean est mon ordonnance. Il vient de se rengager pour deux ans, bien qu'il lui en coutât beaucoup, afin de rester avec moi.

Je ne veux pas, si je viens à mourir, que le pauvre garçon reste sans appui et protection. S'il veut continuer la carrière militaire, il n'a besoin de personne ; mais s'il cherche un emploi civil, la recommandation de ma famille peut lui être utile.

En conséquence, je supplie mon chèr frère A..., où à son défaut, un de mes frères ou sœurs de chercher à placer Jean, suivant ses désirs.

J'ai éprouvé son courage, son honnêteté, son intelligence pendant tout le cours de cette longue campagne : je crois donc pouvoir le recommander comme un sujet précieux et plein de dévouement.

Tout ce qui sera fait pour lui sera particulièrement agréable à votre frère, qui ne sera plus, si cette lettre vient à votre connaissance.

Pour le chasseur Jean, qui remettra cette lettre à M. Bochet, château de Fresnay, par Ryes (Calvados).

Guadalajara, 30 janvier 1866.

....J'ai reçu le porte-monnaie et la blague que tu m'as envoyés et je t'en remercie. Cela fait bien mon affaire. J'ai aussi reçu les « Revues des Deux-Mondes » ..

Nous sommes toujours tranquilles à Guadalajara. Il serait possible que notre repos ne fut plus de longue durée. On parle depuis quelque temps d'un prochain soulèvement, et déjà nous avons

appris quelques « pronunciamentos » dans le département. Ils choisissent mal leur temps. Hier
nous étions faibles : mais maintenant nous avons
reçu un superbe détachement venant d'Afrique et,
s'ils veulent bouger, ils trouveront à qui parler.

Guadalajara, 1er février 1866.

J'écrivais à A..., avant-hier, que les affaires
n'allaient pas trop bien au Mexique et que je
pensais que notre repos ici ne serait plus de longue
durée. Hier matin, en effet, deux compagnies de
notre bataillon sont déjà parties pour aller coopérer sur la frontière du Michoacan à des opérations qui ont pour but la prise de Regulès.

Je leur souhaite de réussir; mais, bien qu'on
prétende que sa troupe soit cernée de tous les
côtés, il a cent moyens d'échapper et de nous
glisser entre les mains. Et puis, quand il serait
pris, d'autres viendront prendre sa place. C'est toujours à recommencer. Les défections et les « pronunciamentos » se succèdent et je ne sais vraiment
pas trop comment tout cela finira. Ne va pas au
moins, trompé par les articles de journaux, donner
tes sympathies à tous ces gens qui, de loin,
semblent servir une noble cause et défendre l'indépendance de leur pays. Leur patriotisme est nul,

ainsi que leur honnêteté et leur honneur. Ce sont des gens qui ne vivent que de vols et de pillage, qui sont humbles s'ils ne sont pas les plus forts et trahissent leur parole donnée, dès qu'on a le dos tourné. Il n'y a qu'une chose à faire, quand on les prend, c'est de les faire fusiller immédiatement. Nous ne voulions pas le croire et nous n'avons pas voulu le faire, mais l'expérience nous enseigne que c'est le seul moyen d'en finir.

A moins que tout le reste du bataillon ne parte pour aller rejoindre les deux compagnies déjà en route, je suis encore certain d'avoir un bon mois à me reposer. Ensuite il faudra de nouveau aller arpenter les routes et les montagnes. Cela ne me fait pas peur et j'aime même mieux cela que de pourrir trop longtemps dans le même endroit....

Guadalajara, 1er mars 1866.

.....Ma dernière lettre à H... était datée de Cugnio. Je disais que j'étais en position pour coopérer à un grand mouvement contre Garcia de la Cadéna. Ce mouvement a manqué, parce qu'on n'a pas cru prudent de déplacer les troupes qui occupaient certains points, à cause de nouvelles craintes pour la sécurité de ces points eux-mêmes. Bref, j'étais de retour ici le 21 et je reprenais mon appartement et ma vie habituelle.

Maintenant que c'est carême, il n'y a plus de théâtre. Je ne connais personne ici, de sorte que ma seule distraction est d'aller passer ma soirée sur la place de Guadalajara. Il y a musique presque tous les soirs et beaucoup de jolies personnes. Dans ce moment-ci il fait un clair de lune splendide et les orangers commencent à répandre leur ravissant parfum. Vous n'avez pas d'idée en France de ce que c'est qu'un clair de lune. Ici on voit clair comme en plein jour et l'on pourrait facilement lire son journal. Les femmes de Guadalajara se mettent avec goût et simplicité. C'est certainement le point du Mexique où elles sont le mieux mises. A Mexico, elles veulent trop copier les modes européenes et ont l'air parfois de chiens habillés.

Le jour, je reste chez moi ; quand je n'ai rien à faire, je lis et je ne m'ennuie jamais. Il y a des gens qui prétendent qu'on s'abrutit en campagne ; pour moi il me semble que c'est le contraire. Outre la grande satisfaction de cœur et d'esprit de savoir qu'on est à son poste et qu'on est utile à quelque chose, qu'on ne perd pas son temps enfin, on peut, quand on le sent, se tenir au courant de tout ce qui se publie d'intéressant en France.

J'ai lu beaucoup depuis que je suis ici ; depuis la *Vie de Jésus*, de Renan, livre qui m'a laissé froid et qui ne prouve absolument rien selon moi, jusqu'aux *Demoiselles Benoiton*, en passant par *Salambô* et *Sybille*. Enfin, je causais l'autre jour

avec un jeune membre de la Commission scienti-
fique française appelé Dollfus, élève externe à
l'Ecole des Mines, récemment arrivé de France, et
j'étais tout surpris de me trouver parfaitement à
mon aise et de pouvoir causer de tout, en connaissance de cause, car j'avais lu tout ce dont il me
parlait. Je désire me maintenir toujours ainsi ; la
« Revue des Deux-Mondes » m'est très utile et
m'intéresse vivement, mais, si quelque autre livre,
de quelque genre qu'il soit, fait un peu parler de
lui, je serais très reconnaissant à A... de me l'envoyer.

...... Hélas ! bien que je désire vivement le
retour, il ne faut pas y songer. La situation n'est
pas belle au Mexique et je ne prévois pas le moment où l'on pourra l'abandonner à ses propres
forces. Quant à s'en aller quand même, je tiens
trop à l'honneur de mon pays pour désirer qu'on
en arrive à cette extrêmité. Tout ce que je souhaite
c'est que cette expédition profite au moins à la
liberté et que les députés, tout en prêtant franchement leur concours pour en finir promptement,
s'arment de cet exemple saisissant pour exiger
qu'à l'avenir on ne puisse rien commencer de semblable, sans l'assentiment du pays.

. . . .

Guadalajara, 18 Mars 1866.

Les nouvelles, arrivées hier par les États-Unis, nous apprennent qu'un grand revirement s'est fait en France, au sujet de l'expédition du Mexique. On dit, qu'en apprenant les évènements de Bagdad, et en lisant les dépêches de M. Seward, l'opposition aurait décidé qu'elle n'interpellerait pas le gouvernement, pour le presser de retirer les troupes du Mexique. Je ne saurais trop applaudir à cette décision patriotique, bien qu'elle rejette encore bien loin, dans les brouillards de l'avenir, l'époque de notre rentrée en France et d'une réunion si vivement désirée de part et d'autre. Tu as dû voir du reste, par mes lettres précédentes, quelle est mon opinion au sujet de notre rentrée et de notre situation ici. Je ne me suis encore préoccupé que de notre situation intérieure et j'ai complètement négligé la complication qu'y apportait nécessairement l'attitude hostile des États-Unis, parce que je n'ai ici aucun élément pour apprécier sainement l'état des choses et que vous devez en savoir là-dessus en France, cent fois plus long que moi.

J'ai lu dernièrement une circulaire du maréchal qui m'a donné la conviction que tout était conduit ici d'après les ordres de Paris. Selon moi, l'Empereur, effrayé par les deux désastres de Los Veranos et du Parral, a compris immédiatement le danger qui attendait l'armée par trop disséminée, dans cet immense empire. C'est alors qu'est arrivé l'ordre impératif d'évacuer la Sonora, le Sinaloa et le Chihuahua. On doit maintenant se contenter d'occuper les lignes d'opérations suivantes, de Vera-Cruz à Guadalajara, de Queretaro à Monterey et de Lagos à Durango.

Défense expresse aux commandants supérieurs des différents postes de s'écarter de ces lignes à plus de une ou cinq lieues, suivant la force de la garnison. Au maréchal seul appartient le droit d'ordonner des mouvements en dehors de ces lignes. Ce sont les troupes mexicaines maintenant qui doivent agir pour la pacification du pays. Nous devons nous contenter de leur offrir sur nos lignes un appui solide et assuré en cas de revers. C'est parfait et extrèmement sage; malheureusement l'armée mexicaine n'existe pas, ou du moins ce qui en existe, est en nombre vingt fois inférieur à ce qu'il faudrait pour remplir le programme annoncé. Quant à la qualité, je me suis déjà prononcé plusieurs fois à ce sujet. Je dois cependant proclamer qu'il y a deux généraux qui sont des chefs braves et capables et qui devraient servir de modèles à tous les autres. Ce sont : Méjea et Mendex.

Le carême rend Guadalajara encore plus calme et plus tranquille que d'habitude; j'entends parler de la vie de la société élégante, car, sous un autre rapport, tu vas voir que le calme et la tranquillité laissent pas mal à désirer. Je ne sais si je t'ai parlé des vols fréquents et audacieux commis jour et nuit. Maintenant ils sont devenus presque quotidiens et se font de préférence le jour : on attache les domestiques, voir même les amis, qui viennent en visite et tout est dit. Je n'ai pas besoin d'ajouter qu'on ne prend jamais un voleur. Les malheureux qu'on voit traîner leurs chaînes dans la ville, ne sont que des niais, auxquels on ne peut reprocher que de s'être sottement laissés prendre. S'ils avaient seulement un tant soit peu connu l'alcade, cela ne leur serait pas arrivé. Ne vas pas croire que je plaisante, c'est très sérieux. J'ai entendu des *notables* aller même plus loin et prétendre que l'alcade avait une part dans les bénéfices des vols; d'autres ajoutent que les vols de nuit sont commis par les prisonniers, auxquels on ouvre les portes la nuit et qu'on envoie *travailler* par brigades. Tout ceci a l'air d'une charge, n'est-il pas vrai? Je t'affirme que cela se dit très sérieusement, entre les gens les mieux de Guadalajara. Permets-moi d'ajouter que le commandant supérieur français de la ville n'a rien à voir dans les affaires mexicaines et qu'il ne commande absolument que les troupes françaises. Aussi ne manque-t-il pas de gens qui voudraient voir des Français à la tête de tous les services et de toutes les administrations. Si ce n'était pas une folie et que nous voulussions prendre le Mexique pour nous, j'affirme que ce serait chose facile; un parti nombreux nous appuierait. Maximilien ne peut pas en dire autant.

Guadalajara, 1ᵉʳ Avril 1866.

.....Nous avons reçu hier au soir, un ordre dont voici la substance : le 51ᵉ de ligne et le 7ᵉ bataillon de chasseurs doivent se préparer à faire rétrograder leurs petits dépôts et leurs magasins sur Mexico. Ce mouvement devra être terminé avant les pluies. Ces petits dépôts et magasins seront ensuite rapprochés de la côte. Les deux corps en question devront s'approvisionner d'effets pour quatre ou cinq mois.

Si un contre-ordre n'arrive pas et si ce mouvement s'exécute, on peut en conclure que nous ferons, après les pluies, c'est-à-dire à la fin de septembre, une marche en retraite sur Mexico ou Puebla.

Peut-être aussi cette marche ne sera-t-elle que le prélude de notre embarquement et reviendrons-nous en France au commencement de l'année prochaine. Cependant, il ne faut pas faire trop de fonds sur cette dernière hypothèse et il convient d'attendre, pour se réjouir, que nous ayons mis le pied sur le bateau, car alors seulement nous serons sûrs de revenir.

Le rappel de deux corps isolés est en somme un fait possible, surtout lorsque ces deux corps sont aussi réduits que le sont le 51ᵉ et le bataillon, car on laisserait, bien entendu, tous les hommes que nous avons reçus dernièrement. On ferait aussi grand bruit de la rentrée d'un régiment et d'un bataillon et ce ne serait, après tout, que les cadres qu'on aurait rappelés.

Cependant, tout va tellement mal ici, que quand j'y refléchis, je ne puis croire qu'on puisse songer à faire rentrer ces troupes, à moins qu'on ne se décide à les remplacer. Enfin voilà le fait. Je te le donne pour ce qu'il vaut. Tires-en les conclusions que tu voudras et surtout ne te laisse pas aller à concevoir de trop belles espérances, car tu pourrais ensuite les voir cruellement déçues. Si cependant, nous allions nous revoir à la fin de l'année et si ce pressentiment, dont tu me parles dans toutes tes lettres, allait se vérifier !!

Voici une autre nouvelle très intéressante également. Le plus ancien capitaine du bataillon, de Bonneville, vient enfin de passer chef de bataillon; c'est le premier depuis que nous sommes au Mexique. Cela me donne le numéro 2 par rang d'ancienneté et grande chance d'être porté cette année sur le tableau d'avancement.

.....Je suis toujours fort content à Guadalajara, puisque c'est une grande ville et qu'on y trouve tout ce qui est nécessaire à la vie : mais les habitants sont toujours aussi peu hospitaliers. Je n'y connais à peu près personne. Si nous n'avions pas tous les soirs musique sur la place, et si le temps n'était pas perpétuellement splendide, je ne saurais réellement pas où passer mes soirées. C'est cependant, maintenant, la ville du Mexique où je suis resté le plus longtemps.

..... La semaine sainte vient de passer et j'ai eu occasion de faire quelques remarques sur les différentes manières de célébrer les fêtes religieuses. Ici, les derniers jours de la semaine sainte sont de véritables jours de fête. On construit des baraques sur la place, où l'on établit des cafés. Les femmes sont fort élégantes et portent toutes la mantille. Les églises sont, le jeudi saint, dans la soirée, admirablement parées et éclairées, remplies d'arbustes, de pots de fleurs et visitées par une foule innombrable. Le vendredi saint on fait une immense procession : l'on promène le Christ sur une civière très bien ornée, ainsi que la Vierge avec un long manteau de deuil. Le peuple s'agenouille dans les rues, au passage de ces images. Une ordonnance de police interdit de circuler à cheval ou en voiture du jeudi saint au samedi, après la messe. Aussi, hier, au moment où les cloches se sont remises à sonner, a-t-on vu des cavaliers et des voitures se précipiter dans les rues qui leur étaient interdites depuis deux jours. On continue à voler de plus belle. Mercredi, trois diligences, arrivant de différents côtés, ont été dévalisées à quelques lieues de Guadalajara, presqu'à la même heure.

. . . .

Guadalajara, 20 mai 1866.

Nous venons d'apprendre la résolution qui **a** paru au *Moniteur* du 5 avril, concernant la rentrée des troupes du Mexique. Comme vous saviez déjà, par moi, le départ de notre petit dépôt pour Orizaba, vous avez dû en conclure que nous- serions de la première fournée, celle du mois de novembre. Nous le pensons aussi ; cependant ce n'est pas encore certain. Il pourrait bien se faire que nous ne fassions que nous rapprocher de la côte à cette époque et que nous attendissions, à Mexico, Puebla ou ailleurs, le second départ, celui du printemps. Je crois que pour notre santé, comme transition, cette seconde époque vaudrait mieux que la première, cependant je n'ai pas besoin de te dire que nous désirons tous vivement profiter du premier départ. Pour ma part, depuis qu'il est question de retour, je me plais beaucoup moins ici, je n'aime pas le provisoire et je voudrais en finir le plus tôt possible.

Aussi bien, notre position est à peine tenable devant ces malheureux mexicains qui se sont compromis pour nous et que nous allons exposer à toutes les vengeances du parti opposé, devant ces résidents français, pour lesquels nous sommes censés avoir entrepris cette expédition, et qui vont se trouver dans une situation cent fois pire qu'avant notre intervention.

Quant à Maximilien, je ne sais s'il durera même jusqu'à la fin de l'occupation française. En tout cas, il ne durerait pas un mois après notre départ. S'il a le sens commun, il abdiquera d'ici là.

Nous avons l'air d'obéir aux injonctions des Etats-Unis; si j'en crois les journaux, du reste, la situation serait assez tendue en Europe et une sage prudence viendrait expliquer une résolution qui, si l'on savait la vérité en France, coûterait à notre amour-propre.

Telle est mon opinion. Je ne sais si elle est générale dans l'armée, mais je crois que beaucoup penseraient comme moi, si la joie du retour, le dégoût d'une tâche ingrate ne faisaient taire pour le moment tous les autres sentiments. Moi-même je puis t'affirmer que je suis bien content de m'en aller et que je trouve que, si la tâche devait être poursuivie, ce serait par d'autres.

Du reste, je ne sais pourquoi je me laisse aller à apprécier ainsi un acte que je ne connais encore que très imparfaitement.

Je devrais attendre encore au moins de tout savoir.

Guadalajara, 28 mai 1866.

Ce sera probablement à la fin de l'année, car je ne doute plus maintenant que nous ne fassions partie du départ de novembre 1866. Pourvu que les Etats-Unis ne viennent pas par leurs prétentions se mettre à la traverse ! J'ai lu dans les journaux espagnols, une dépêche de M. Seward à M. de Montholon, en date du 12 février, qui est conçue dans des termes inacceptables. J'ai hâte de savoir l'effet qu'elle aura produit en France et ce qu'aura résolu le gouvernement. Il devait la connaître quand il a pris la résolution de faire rentrer les troupes, mais, d'un autre côté, il n'a pas l'air de se préoccuper beaucoup des menaces et des défenses des Etats-Unis, puisqu'on organise publiquement ici une légion, taillée sur le patron de la légion romaine, et destinée à rester ici après notre départ.

Or, c'est justement ce à quoi s'opposent les Etat-Unis. J'aime à croire qu'on aura fini par leur faire entendre raison, mais il me tarde de voir publier les dépêches échangées à cette occasion, car notre rôle devient de plus en plus triste ici : on dit tout haut que nous partons sur l'injonction des Etats-Unis; nos amis déplorent, nos ennemis célèbrent leur irrésistible puissance. Si, par hasard, ce que je crois pas et ce que je ne désire pas, la guerre éclatait entre la France et les Américains, il ne faudrait plus songer à nous revoir de long-temps et même à recevoir régulièrement de nos nouvelles. Nous aurions ici à nous préparer à une rude lutte, mais qui ne serait pas sans gloire. Je me consolerais alors de voir le moment de notre réunion différé, en songeant à la grandeur de la tâche qui nous incomberait et à toutes les chances que son exécution pourrait amener. Mais écartons ces funestes images, c'est une extrémité à laquelle la France ne sera pas réduite, espérons-le !

Nous pourrions quitter bientôt Guadalajara pour monter à Mexico. Je ne le désire pas, car il commence à faire bien chaud pour voyager. Et puis nous sommes ici beaucoup mieux que nous ne serions n'importe où, même à Mexico, où l'on est toujours taquiné à cause de la présence du maréchal. Ce n'est pas que je m'amuse beaucoup ici, mais j'y vis d'une manière douce et facile. Je ne connais personne et je passe toutes mes soirées sur la place. Hier soir, l'aspect en était réellement féérique : on aurait dit un décor d'opéra.

Il faisait un clair de lune splendide, un de ces clairs de lune dont on n'a pas idée en Europe ; la foule était nombreuse et assez élégante ; la musique assez bonne pour porter à la rêverie. Je pensais que bien souvent, dans notre beau pays de France, je me prendrais à regretter celui-ci *où les nuits sont plus belles que les jours*. Mais pour être le pays enchanteur dont parle la romance, il lui manque, hélas ! d'être le pays *où l'on aime !* J'ai assisté l'autre dimanche à une assez jolie course de taureaux d'amateurs. Plusieurs jeunes gens s'étaient réunis pour combattre les taureaux de leurs haciendas auxquels on avait probablement rogné les cornes. Le danger était très peu de chose ; mais l'adresse, l'habileté et l'élégance des cavaliers pouvaient se montrer malgré cela. L'entrée n'étant pas payante, on était invité. La réunion était fort élégante et choisie ; c'est la seule que j'ai vue au Mexique pouvant donner une idée de ces belles courses d'Espagne dont parlent les livres. Six jeunes filles, des plus jolies et des plus élégantes de la ville, arrivèrent dans une jolie calèche, escortée d'un peloton de cavalerie, et prirent place dans une loge, bien ornée, au centre. C'étaient les reines de la course, celles qui devaient récompenser les vainqueurs. Les jeunes toréadors furent assez adroits, mais ce côté de la fête laisse à désirer. La plupart gravirent cependant les gradins, chacun à son tour, et chaque jeune fille, à son tour aussi, attachait un nœud de rubans à l'épaule du vainqueur. Je les soupçonne de s'être entendus ensemble, comme les Romains de l'Hippodrome, pour être le plus adroit au moment où le tour de couronner l'objet aimé était arrivé.

Plusieurs agitaient des banderolles où ils ne se gênaient pas pour faire connaître leur préférence, car on y lisait : *Viva la Senorita* une telle. C'est assez moyen âge, comme tu vois. Cela m'a passablement intéréssé, mais je pensais qu'il vaudrait bien mieux, pour l'avenir du Mexique, que ces mêmes reines de beauté réservassent toutes leurs couronnes et leurs sourires pour ceux de ces jeunes élégants qui auraient, par exemple, détruit dans l'armée le plus de bandes de voleurs ou se seraient le plus distingués par leur courage et surtout leur utilité.

Guadalajara, 3 juin 1866.

..... Ici les préparatifs de départ continuent en dépit des sinistres nouvelles qui viennent d'arriver de Sonora. Hermosillo a été pris après un combat, et mis à sac. Soixante étrangers dont trente-sept français ont été massacrés ! Les détails manquent encore. Selon moi, c'est là le prélude de ce qui se passera après notre retraite, partout où l'on ne laissera pas de forces suffisantes.

Voilà donc le résultat d'une expédition entreprise, au dire du gouvernement, pour défendre les intérêts de nos nationaux compromis ! Je t'avoue que cela diminue sensiblement le plaisir que j'aurai de rentrer en France.

On prend, en dépit de la note de M. Seward, de grandes mesures pour permettre au gouvernement de Maximilien de se soutenir après le retrait de nos troupes. On offre des places de capitaines, lieutenants et sous-lieutenants dans l'armée mexicaine aux sous-officiers français qui consentent à servir pendant 5 ans, après le 1er janvier 1867, le gouvernement mexicain. On forme des corps français de volontaires pour recevoir les officiers, sous-officiers et soldats qui désirent rester au Mexique. On leur conserve à tous leurs grades et rangs dans l'armée française, qu'ils reprendront dans 4 ans, à l'expiration de leur engagement. Il y a dans mon bataillon quelques amateurs, mais ils sont rares. Pour ma part, je n'ai pas songé une minute à m'embarquer sur cette galère. Je ne suis pas un mercenaire et il ne peut pas me convenir de servir sous un autre drapeau que le drapeau français. Je ne comprends d'exception à cette règle que quand il s'agit de défendre une idée, comme le pouvoir temporel du pape ou la liberté d'un peuple. Ce n'est pas le cas ici. En outre, je n'ai pas la moindre confiance dans la réussite de l'expédient que l'on prend, et je ne crois pas, malgré tous ces efforts, à la durée du trône de Maximilien, une fois que notre drapeau ne le couvrira plus.

Je n'ai pas le temps d'écrire à A....., cette fois-ci. Le courrier prochain, il recevra une lettre détaillée de moi, sur mon bataillon et la position que j'espère bientôt y avoir. Il me manque du reste encore aujourd'hui quelques renséignements à ce sujet.

Rien de nouveau à Guadalajara, depuis la lettre que j'ai écrite à B... La chaleur commence à devenir insupportable. Jeudi dernier, c'était la fête-Dieu et le bataillon a figuré dans la procession. Au Mexique où l'on a la prétention d'être très catholique, il n'y a que les autorités et les malheureux qui suivent cette procession. Les gens comme il faut se contentent de garnir les balcons, les trottoirs ou les fenêtres. Je trouve que nous sommes plus vraiment chrétiens en France; dans les villes où les processions sortent, tous les rangs de la société s'y trouvent mêlés et je me souviens d'avoir vu à Saint-Omer les plus riches héritières y porter des bannières à côté de pauvres ouvrières. Il parait qu'il y a ici des distinctions sociales même devant Dieu. Cette procession était donc fort ordinaire en elle-même, mais la galerie était vraiment remarquable.

Au Mexique, tout en ne se commettant pas comme tu vois, on ne s'émeut que pour les choses religieuses; aussi n'avais-je jamais vu plus jolies personnes et plus fraîches toilettes

En outre, toutes les rues, que devait parcourir la procession, étaient couvertes d'une série de toiles élégantes et uniformes, de sorte que l'on circulait sous une tente, toujours à l'abri du soleil. Cela faisait penser, majesté et proportion gardées, à l'immense velum qui couvre, dit-on, la place de Saint-Pierre à Rome, à Paris le jour.....

.....Comme tu n'as pas besoin d'argent, je ne t'en envoie pas, car je n'en ai pas de trop depuis que je vis à Guadalajara. Il faut cependant que je songe à me faire un petit magot pour parer aux dépenses que je vais avoir à faire en rentrant. Il faudra me remonter de tout, des pieds à la tête, en militaire et en bourgeois. Je calcule que ce sera une affaire de quinze cents francs environ.

Guadalajara, 14 Juin 1866.

Mon bataillon a subi de bien grands changements depuis le commencement de cette année et est en train d'en subir de plus grands encore. Comme je sais que ces sortes de détails t'intéressent, et que, du reste, tu me le demandes expressément dans ta lettre, je vais donc t'en parler longuement.

Le bataillon, tel que tu l'as vu s'embarquer à Cherbourg, s'est maintenu trois ans presque avec le même personnel. Le commandant avait été changé, ainsi que les médecins, un capitaine avait permuté avec un autre capitaine du dépôt : un lieutenant avait donné sa démission ; un autre avait été nommé au choix, enfin un troisième l'avait été à l'ancienneté ; trois sous-lieutenants avaient été nommés à l'ancienneté (ils avaient été nommés depuis l'embarquement) ; deux étaient morts. Voilà les changements survenus depuis le 22 Août 1862 jusqu'au 1er janvier 1866, après trois ans et demi de campagnes, des fatigues exceptionnelles, un siège de deux mois et enfin une expédition très-rude en Sinaloa ! Ajoute à cela que trois officiers

avaient été blessés, dont un à deux reprises différentes, et la seconde il avait reçu quatre blessures à
la fois ! Tu m'avoueras que ce n'était pas encourageant et que, malgré les croix qui nous avaient
été accordées moins parcimonieusement, nous devions donc nous considérer comme assez maigre-
ment traités. Le seul officier nommé au choix
avait dix ans de grade d'officier et huit de lieutenant lorsqu'il est passé capitaine. Au 1er janvier
de cette année, le plus ancien capitaine avait onze
ans de grade ; le plus ancien lieutenant neuf ans
et demi ; le plus ancien sous-lieutenant cinq ans.
C'était à désespérer de l'avenir. Il s'est un peu éclair-
ci maintenant, du moins pour les capitaines et les
lieutenants, car les pauvres sous-lieutenants sont
toujours dans la même situation. C'est une heureuse affaire contre Regulès, à laquelle ont coopéré
deux compagnies du bataillon, qui a donné le signal des nominations. Le capitaine de Bonneville a
été nommé chef de bataillon. Il était déjà proposé
à notre arrivée au Mexique et nous avions fini par
deséspérer de le voir passer jamais. Un lieutenant
l'a remplacé immédiatement au choix. Il était proposé depuis trois ans et avait sept ans et demi de
grade. Peu de jours après, deux nouvelles nominations nous arrivaient de France : un lieutenant passait capitaine à l'ancienneté, tout près de
dix ans de grade ; un autre au choix : il était en
congé de convalescence en France ; c'était le défen-
seur de Los Véranos : il n'avait pas loin de neuf ans

14

de grade, et était proposé depuis trois ans. Décoré depuis la Crimée où il avait été blessé! blessé deux fois encore ici. Ainsi donc, en quelques mois, nous venons de voir le tableau d'avancement des lieutenants, stationnaire depuis trois ans, complètement épuisé; celui des capitaines, vierge depuis notre départ de France, entamé enfin. Le capitaine qui y restait tout seul, est l'adjudant-major. L'autre jour, il reçoit une dépêche (télégraphique jusqu'à Léon) du maréchal qui lui demande s'il veut être nommé chef de bataillon au titre français et prendre le commandement d'un de ces bataillons de Cazadorès de Mexico (chasseurs du Mexique) que l'on va former, ainsi que je le disais dans mes dernières lettres. Tu sais qu'il faut s'engager par écrit à servir quatre ans à partir du 1er janvier 1867, le gouvernement de l'empereur Maximilien. Après ce temps on rentre en France et on reprend dans l'armée son grade et son ancienneté. J'aurais cent fois refusé à la place du capitaine S... Heureusement il a accepté. C'est une affaire réglée: il a répondu par le télégraphe et sa lettre de service lui arrivera avant la fin du mois. Voilà donc le tableau d'avancement des capitaines complètement nettoyé aussi. J'ai un an de grade de moins que S....; je vais être, je suis maintenant le plus ancien capitaine du bataillon du Mexique. Je serai très probablement proposé avec le numéro 1 à l'inspection générale, cette année. Mais proposé comme tu peux le voir par tous les détails dans lesquels je suis

entré, ne signifie pas nommé. Nous en recauserons
à ma rentrée en France.

Je vais aussi presque sûrement être nommé adjudant-major. Il était temps, car je ne comptais
plus me faire proposer à cette inspection, me trouvant trop ancien.

..... Je remplis maintenant une masse de fonctions: je commande ma compagnie, je fais les
fonctions d'adjudant-major, de commandant de place, de sous-intendant et enfin, de distributeur des
Postes. Je ne m'en plains pas, car je reçois pour
tout cela un supplément de 150 francs par mois et
je suis de plus logé comme un prince, dans une
maison à moi tout seul. Cela va m'aider à mettre
de côté l'argent dont j'ai besoin pour rentrer en
France. Cela vient bien tard malheureusement et
n'a pas chance de durer plus de trois mois.

Guadalajara, 30 juin 1866.

Je n'aurai pas le temps d'écrire longuement
cette fois : c'est la fin d'un mois, d'un trimestre
et, avec toutes les fonctions que je remplis, je
suis assez occupé. On s'occupe beaucoup de la
formation des bataillons de Cazadorès. On profite, comme d'habitude, de cette circonstance, pour
nommer, au titre français, au grade supérieur,
quelques individus vigoureusement appuyés, ce-

pendant, la masse ne donne pas et alors on est obligé de faire des nominations impossibles, tellement que je doute que tout cela soit confirmé par l'Empereur. Quant aux simples soldats, comme de véritables moutons de Panurge et comme de grands enfants qu'ils sont, ils se précipitent là dedans sans réfléchir et sans savoir ce qu'ils font. Le bataillon fournit demain 87 hommes au corps mexicain de formation ici; ma compagnie en a pour sa part 23. Un beaucoup plus grand nombre a demandé, mais je doute qu'on fasse droit à leur désir.

Tous les hommes que nous avons reçus d'Afrique au commencement de l'année, ne rentreront pas en France avec nous; ceux qui voudront, passeront à la légion étrangère; les autres seront versés au 18· bataillon de chasseurs, qui reste encore ici. Notre bataillon est donc en train de se désorganiser complètement.

Nous ne sommes plus bons à grand chose. Cependant il serait possible que je partisse en expédition dans quelques jours, pour aller relever deux compagnies, absentes depuis plusieurs mois. Nous ferions alors pour le mieux.

Tu avais donc raison, mon cher ***, et tes pressentiments ne te trompaient pas : l'année ne se terminera pas, probablement, sans que nous soyons réunis ! Mais si A...., qui a assisté au départ du bataillon de Cherbourg, était présent à son débarquement, quels changements il pourrait noter ! Je ne parle pas du personnel, qui est évidemment presque renouvelé, par suite des morts, promotions et libération, mais seulement du chiffre des rentrants. Ma compagnie comptait 131 hommes au départ, je ne peux guère rentrer avec plus de 30.

La vie est toujours agréable et facile à Guadalajara et il me faut tout le désir que j'ai de vous revoir tous, d'embrasser surtout notre excellent père, dont les nouvelles sont si tristes, pour que je sois content de rentrer et pour que je ne regrette pas un peu cette terre lointaine, dont je dis bien du mal quelquefois, mais où, après tout, j'aurai passé les années de ma vie les plus utiles et les plus riches en souvenirs.

Hier, c'était Saint-Pierre et Saint-Paul, jour de grande fête dans les pays ultra-catholiques, et surtout à Guadalajara. Il y a un joli village à quelques kilomètres de la ville, qui est sous l'invocation du portier des élus, puisqu'il se nomme San Pedro. C'est là que tous les habitants, un peu aisés, ont leurs maisons de campagne. Ils y passent, ce qu'ils appellent la « temporada », c'est-à-dire la saison des pluies. Le 29 juin, tout Guadalajara s'y transporte en masse, riches et pauvres, mais pauvres surtout. Rien n'est plus curieux que l'aspect de l'allée qui y conduit. Gens à pied, à cheval, à âne, en voiture, en diligence et, la plupart en charrettes à bœufs. Tout cela grouille au milieu de la poussière. Les charrettes sont remplies d'indiennes, chantant en s'accompagnant de la guitare, pendant qu'un indien, debout à l'avant, touche les bœufs. Quels plaisirs vont-ils chercher! Je n'en ai pas vu d'autres que de manger des fruits et de se promener. La pluie arrive, car il pleut tous les jours maintenant, et quelle pluie ! chacun cherche un abri, soit sous un arbre, soit sous un auvent. Ceux qui ne trouvent rien, se consolent en pensant que cela abat la poussière. C'est ce que je fis hier.

A... avait remis pour moi une lettre à M. James Etton, ancien officier anglais. Cette lettre qui, du reste, n'avait d'autre but que de recommander le porteur, m'a été renvoyée par le colonel Alfred Bocher, du 3me de zouaves, auquel M. Etton l'avait remise à son passage à Queretaro. Le colonel Bocher a eu égard à la recommandation et m'écrit qu'il a trouvé, dans M. Etton, un charmant homme et un parfait gentleman. Si le hasard me fait rencontrer M. Etton, je serai fort heureux de faire sa connaissance à mon tour, de lui être agréable, et je le remercierai de la bonne opinion qu'il avait de moi, puisqu'il pensait que j'étais déjà passé colonel !

. . . .

Léon, 1 août 1866.

Nous avons reçu l'ordre de quitter Guadalajara le 20 au matin et, le 21, nous étions en route. J'ai eu beaucoup à me remuer à cause de mes diverses fonctions et je n'ai pu même aller dire adieu aux deux seules personnes que je connaisse dans la ville, après un séjour de sept mois! J'ai quitté Guadalajara sans aucune espèce de regrets, bien que je m'y sois plu beaucoup, pendant tout le temps que j'y suis resté! Notre marche a été très pénible les premiers jours, à cause de l'état horrible des routes et du mauvais temps, mais la pluie nous a a fait une espèce de trève. Dieu sait si elle durera! Nous nous remettons en route demain. Nous allons rejoindre la brigade a Acambaro, sur la route de Morelia à Mexico. Les uns disent que nous nous acheminons tout simplement vers cette dernière ville, — notre embarquement pour cet automne étant irrévocablement décidé : les autres que nous allons préalablement expéditionner dans le Michoacas, où Regulès serait à la tête de 3 à 4.000 hommes.

Je ne me charge pas de décider quelle sera la vérité. Ce qu'il y a de certain, c'est que l'état du Mexique empire tous les jours. Nous avons laissé provisoirement deux de nos compagnies à Guadalaraja, en attendant qu'on en envoie d'un autre point pour les relever. Les bataillons de Cazadorès se forment avec la plus grande peine, quant à l'élément mexicain. Ces messieurs désertent en masse ; sous peu, ces bataillons ne se composeront plus que de Français. Les villes où il n'y a pas de troupes françaises ne jouissent d'aucune sécurité, même quand elles sont peu éloignées de nos garnisons. C'est ainsi qu'il vient d'y avoir à Guanaiato un « pronunciamento », qui n'a été que ridicule, mais qui prouve le peu de fond qu'on peut faire sur les troupes mexicaines. Enfin le plus profond découragement règne partout. On n'a pas la moindre foi dans le résultat du voyage en France de l'Impératrice, qui aurait pour but de demander la prolongation de notre séjour. Et je crois qu'on a bien raison, surtout à cause des grands évènements qui se passent en Europe. Il est temps que tout cela finisse, car il n'y a plus moyen d'avoir les plus petites relations avec les familles mexicaines ; on nous regarde de travers et il y a bien de quoi, car nous laisserons le Mexique dans une situation cent fois pire que celle ou nous l'avons trouvé.

. . . .

A propos d'enfants, je pensais pendant la route, en voyant notre cantinière trimballer les siens, au succès qu'aurait son mode de transport, si, à notre rentrée, nous défilions sur le boulevard. Son mari a fabriqué avec de vieilles caisses, deux espèces de petits lits-fauteuils recouverts d'une toile supportée par un cerceau. Le tout est porté par un mulet (un enfant de chaque côté) et ce mulet passe partout, attaché à celui sur lequel est montée la mère et sur lequel sont placés les barils d'aguardiente. C'est réellement très gentil et très original.

On doit voir, mon cher ...., à mon écriture et à mon style, que je suis très pressé. . . . .

Toluca, 21 août 1866.

Nous sommes arrivés à Toluca hier et nous en repartons demain pour Mexico. Je me faisais une fête de revoir Toluca, où nous avions passé, il y a trois ans, en temps si agréable, mais il aurait mieux valu cent fois rester sur mes souvenirs. Trois ans sur la tête des gens amènent quelquefois de bien grands changements! Quand je pense que, quand je vous verrai tous, il y aura au moins quatre ans et demi que nous ne nous serons vus, je tremble à la pensée des différences que nous aurons à noter entre l'image conservée et la réalité, chez les uns comme chez les autres. Il est toujours dans les choses probables que mon bataillon fera partie du premier départ, mais il n'y a encore cependant rien de certain. Pour ma part, je ne me laisserai aller à penser sérieusement au retour, que lorsque je serai dans le bateau qui doit nous ramener, et qu'il aura levé l'ancre. Nous ne connaissons encore que très imparfaitement les grands évènements qui viennent de se passer en Europe, mais il y a des gens qui prétendent que la prompte conclusion de la paix, le voyage de l'Impératrice Charlotte, et enfin, de nouvelles dissensions aux États-Unis, pourraient faire revenir l'Empereur sur sa décision au sujet de l'évacuation du Mexique.

Je ne partage pas ces idées et je crois que l'évacuation aura lieu quand même. La situation de ce
pauvre pays est cependant bien triste, et je t'avoue
que je souffre dans mon orgueil de Français quand
je vois ce qu'a produit notre intervention et que je
songe à toutes les malédictions que nous allons
emporter, quand tous ces malheureux, que nous
avons compromis, se verront définitivement abandonnés et voués au même sort que ceux de Sonora,
de Sinaloa, etc.

Il faut tout le désir que j'ai de vous revoir tous
et le besoin de me retremper un peu au sein de la
vie de famille, pour que je me réjouisse de notre
départ. Je dois ajouter aussi que je suis dégouté
de servir une politique aussi misérable, aussi im-
puissante que celle que nous soutenons depuis un
an.

Il est vrai de dire, pour être juste, que les mexicains forment un sale peuple, rempli de vices et
sans aucune vertu. Voici un fait entre mille qui
peut te les faire juger. L'autre jour, nous nous
trouvions à Marwatio. Le sous-préfet nous supplie
de tomber, par une marche de nuit, sur une bande
de cinq cents hommes qui se trouvait, disait-il, dans
un village à neuf lieues de là. Nous avions déjà
fait une étape le matin, nous partons cependant à
cinq heures du soir. Nous étions soixante-cinq français et environ une centaine de mexicains, tant à pied
qu'à cheval, pendant la marche, qui dura jusqu'à
une heure du matin, par une nuit sans lune et des

chemins épouvantables, nous avions toujours devant nous un peloton d'une douzaine de mexicains à cheval, à la suite de la troupe qui s'était chargée de nous conduire. Quand on fut arrivé près du village, on prit les dispositions pour l'enlever. Chaque petite fraction française avait son officier en tête. Notre avant-garde, baïonnette au canon, était toute prête à clouer, sans bruit, l'avant-poste que nous devions rencontrer, pour l'empêcher de donner l'alarme. A ce moment, toujours solennel, et où chacun a l'œil au guet, tous les mexicains avaient disparu comme par enchantement. Pas un auprès du commandant pour donner le moindre renseignement! Il n'y avait personne dans le village. Dès que ce fut évident, nos mexicains reprirent leur place en tête, *of course*. Une fois dans la place, nous frappâmes aux portes, afin d'avoir un abri, pour les deux ou trois heures que nous avions à nous reposer avant de partir. Il faut te dire que, dans ce village, l'Empire n'est pas reconnu et qu'il n'y a pas d'autorités. Quelle ne fut pas mon indignation de voir, dans une chambre dont la porte avait été brisée, à côté d'un lit défait, une femme en chemise et jupon en train d'écouter les ordres, les exigences, que sais-je? d'un de nos héros mexicains, à cheval (dans la chambre) et le mousqueton armé à la main!! Je l'apostrophai vigoureusement et m'éloignai indigné. *Ab uno disce omnes.* -

Mexico, 27 août 1866.

Avant toute chose, je te dirai que notre rentrée en France paraît de plus en plus probable et que, même, l'on va jusqu'à fixer le 12 octobre pour l'époque de notre embarquement. Notre retour devant s'effectuer sur les paquebots transatlantiques, nous serions par conséquent en France au milieu de novembre. Ne nous laissons cependant pas aller trop à la joie autant à l'avance, car ces combinaisons peuvent changer du jour au lendemain, tu le sais, bien que nous devions débarquer à Saint-Nazaire.

Il y avait plus de trois ans que nous avions quitté Mexico et nous l'avons trouvé mieux entretenu, plus propre et plus animé. C'est décidément une belle ville et il doit y faire bon vivre, quand on a de l'argent à dépenser et qu'on est au Mexique. Jamais on ne se douterait, en voyant la capitale, de l'état du reste du pays.

Quand je pense qu'il y a des officiers qui ont fait presque toute leur campagne à Mexico, et qui parlent du Mexique comme s'ils le connaissaient ! Cela me fait rire. Et ce ne sont pas les moins récompensés, au moins ! ils sont près du soleil ; et puis étant tous plus ou moins de la grande classe des *embusqués*, ils sont tous, ou presque tous, légèrement intrigants. En tous cas, ils sont élégants et bien montés; nous faisons triste figure auprès d'eux, je t'assure. Les officiers français ont ici un cercle splendide, comme je voudrais nous en voir un à Paris. Je n'ai guère encore été que là, étant un peu invalide, par suite d'un mal de pied. Nous ne sommes au courant de rien et encore un peu ahuris, comme le serait un bon habitant de Bayeux transporté tout à coup au milieu des jeunes *gandins* du boulevard des Italiens. J'ai été aussi dîner avec le colonel Clinchant, mon ancien commandant, qui, avec quelques officiers de l'état-major général, a une table assez amusante. On voit chez eux le soir tout ce qu'il y a de plus huppé, de mieux posé et de mieux renseigné de toute la garnison. On juge ici la situation aussi sévèrement que je le faisais et on accuse hautement le maréchal Bazaine, avec raison selon moi, d'être la cause de tout, par sa mauvaise volonté et ses mauvais procédés envers l'empereur Maximilien, sa manie de tout commander de loin, qui n'a produit, depuis un an, que des effets désastreux. J'ai vu chez le colonel Clinchant le jeune marquis de Massa, l'auteur des *Commentaires de César* et de je ne sais plus quel ballet. Tu as sans doute entendu parler de ses succès à Compiègne, l'année dernière. Arrivé en janvier, il vient d'être décoré au 15 août; tu vois qu'il n'a pas perdu de temps.

Mexico, 9 septembre 1866.

.... Nous sommes toujours à Mexico et notre embarquement est toujours officiellement fixé, jusqu'à présent, au 13 octobre, par le courrier ordinaire. Malheureusement on avait oublié deux de nos compagnies à Guadalajara et on leur a envoyé l'ordre de partir tellement tard, que j'ai peine à croire qu'elles puissent arriver en temps opportun à Vera-Cruz.

Nous embarquerons-nous sans elles ?

Notre embarquement commun ne sera-t-il retardé que de quelques jours ou bien, faudra-t-il attendre le courrier suivant, c'est-à-dire un mois ? Ce sont toutes questions auxquelles il m'est impossible de répondre pour le moment. Cependant, je crois que la dernière hypothèse est la moins probable de toutes. Ainsi donc, tout doit nous faire supposer que nous pourrons nous embrasser vers le milieu de novembre. J'ai déjà pris mes précautions et annoncé que j'aurais besoin d'une permission de quelques jours en débarquant, car mon intention est d'aller . . . .

.... Si je suis bien joyeux à la pensée de vous revoir tous, je le suis moins à celle de revenir en France et d'y revivre de cette vie de garnison qui a pour moi si peu de charmes. Un congé de six mois pourrait satisfaire toutes mes aspirations de famille et ce serait alors de bien bon cœur que je viendrais reprendre cette bonne et large existence de campagne, qui me plaît tant.

La vie de Mexico, qui a quelques rapports avec celle qui m'attend à la rentrée, me fait faire tous les soirs de tristes réflexions. Si je passais de suite chef de bataillon, mon parti serait bientôt pris et je ne tarderais pas à aller en Afrique ou ailleurs : mais si, comme c'est trop probable, il me faut attendre encore plusieurs années ce grade si difficile à obtenir, je suis obligé de rester au 7me bataillon, où je suis connu et où ma position est bonne et, à moins d'une grande guerre sur le Rhin, me voilà donc voué à cette vie de garnison qui m'effraie. Je ressens d'ici l'ennui, l'isolemeut qui m'attendent ; l'envie de me marier qui me prend. Je sais que je ferais une bêtise, à moins d'une occasion inespérée, qu'on ne trouve que dans les romans. Qui sait, cependant, si l'ennui et l'isolement ne l'emporteront pas sur le bon sens et la raison ?

...... J'oubliais de t'annoncer que je venais d'être nommé adjudant-major. C'est une position plus en vue et plus avantageuse, surtout en France.

Mexico, 27 septembre 1866.

... J'ai écrit à... et lui disais que nous n'embarquions plus le 13 octobre, mais que, comme je le craignais dans le dernier courrier, notre départ était retardé jusqu'au milieu de novembre. Cette après-midi, les nouvelles ont encore changé et il pourrait se faire que notre embarquement fût encore ajourné. Des bruits étranges circulent et quelques petits fait viennent leur donner de la consistance. Malgré le désir que j'ai de vous revoir et le besoin que j'ai de me reposer, je ne serais pas faché de faire encore uns peu la guerre, tant par goût que par ambition, mais tous ces changements sont très ennuyeux en ce sens qu'on ne sait jamais sur quel pied danser et qu'ils sont aussi très préjudiciables à nos intérêts pécuniaires. Ainsi, je me suis débarrassé de ma tente, de mon cheval (j'en ai encore un appartenant à l'Etat) et de mon revolver, croyant n'avoir plus qu'à rentrer en France. Si nous devons faire de nouvelles expéditions, tout cela me manquera beaucoup ou il me faudra faire des dépenses plus fortes que l'argent que j'en ai retiré . . . . .

.... J'avais bien raison de dire que je ne me croirais sûr de rentrer que quand j'aurais mis le pied sur le bateau et qu'il aurait levé l'ancre et mis le cap sur la France. Tout est remis en question et, cependant, tout semblait bien nous assurer de notre départ. On avait fait paraître l'ordre général, retraçant le rôle brillant rempli par le 7me bataillon pendant ces quatre années de campagne (je te l'enverrai) ; nous avions passé la revue de départ du maréchal et notre commandant y avait obtenu la rosette d'officier.

Moi-même, je vais être nommé chevalier de Notre-Dame de Guadalupe.' C'est une fort jolie croix en or, qui n'a qu'un défaut, c'est de couter un peu cher : aussi Maximilien donne-t-il généralement le brevet et pas la croix. Je n'ai encore reçu ni l'un, ni l'autre, mais je sais que cela est fait.

Il y a à Mexico une véritable colonie d'officiers mariés et ayant leurs femmes avec eux. Le général Osmont et le général de Maussion, des françaises ; le maréchal, le capitaine Blanchot et les lieutenants Leclère et de Girardin, des mexicaines ; le commandant de Noue, une américaine ; le capitaine Magnan, une russe. On pourrait s'y amuser si on y restait. Nous en avons eu ces jours-ci un petit échantillon. M. le marquis de Massa a composé une petite pochade fort spirituelle intitulée : *Les voyageurs pour Mexico, en voiture !* On l'a jouée chez Mme de Noue et je l'ai déjà vue trois fois. Cela a été parfaitement interprété, surtout par une des des belles-sœurs du capitaine Blanchot qui a obtenu le plus grand succès. Il y a, comme dans les revues, une série de fort jolis couplets. Je vais t'en citer deux des plus mordants. Tu sais que l'on vient de former des bataillons de Cazadorès de la légion et de l'armée mexicaine, avec le plus d'éléments français possible. Mais cela réussit assez mal, aussi chante-t-on :

> De tous les Corps qu'on vient d'établir
> Les Cazadorès sont de tous les plus braves,
> Mais c'est égal : au moment de partir
> J'aimerais bien mieux m'engager.... dans les zouaves.

M. F...., intendant français, a été pendant quelque temps ministre des finances et a fait décret sur décret pour tâcher de trouver de l'argent. Le dernier a été trouvé assez raide et viole ouvertement la chose jugée ; aussi n'a-t-il pas été appliqué :

> Que d'arrêtés a prodigué, déjà
> Le Ministre à propos des finances !
> Arrêtez-le ! Sinon il finira
> Par arrêter un jour.... la diligence.

Allons-nous rester encore quelque temps dans ce pays, ou bien notre départ n'est-il que retardé d'un mois ? Je n'en sais rien et je ne t'en parle que parce que il y a quelque chose dans l'air et qu'il faut être prêt à tout.

Mexico, 7 octobre 1836.

Me voilà donc réduit à écrire encore par ce courrier qui, d'après les espérances qu'on nous avait fait si longtemps concevoir, devait me ramener en France ! Certes, je resterais ici avec plaisir, mais dans de toutes autres conditions. Nous n'opérons plus et, du reste, mon bataillon est dans l'impossibilité de rien faire puisque nous ne comptons guère plus de vingt à vingt-cinq combattants par compagnie et que la libération de la fin de l'année nous réduira de dix ou quinze. Le général de Castelnau, aide de camp de l'Empereur, doit arriver au Mexique dans trois ou quatre jours. Que va-t-il nous annoncer et que vient-il faire ici ? Pour ma part, je crois qu'on a simplement renoncé à l'évacuation par portion qui aurait pu offrir des dangers et que l'on est résolu à s'embarquer tous ensemble pour pouvoir prendre ensuite sa revanche de l'espèce de mystification subie par la France pendant cette dernière guerre européenne. Mais à quand cette évacuation générale ? Voilà ce dont je ne me doute pas, et personne, ici, n'est mieux informé que moi.

En attendant, nous restons toujours à Mexico. Je ne m'y amuse pas beaucoup ; on y est tenu à un service et à des exigences dont nous étions déshabitués depuis longtemps et, de plus, je n'y connais personne et n'ai aucun goût à faire des visites. Je ne m'y porte même pas aussi bien qu'ailleurs et, bien que je sois guéri de l'indisposition du premier mois, je ne suis pas encore en possession de cette spendide santé, sûre d'elle-même, dont j'ai joui le plus souvent depuis que je me connais. Le journal que tu ne peux plus m'envoyer, ne me fait pas du tout défaut en ce moment, le cercle de Mexico étant pourvu de tout ce que je pourrais désirer, si j'avais le goût de lire ; mais il y a si longtemps que j'ai quitté la France, que cette lecture me paraît fade et puérile et que je me contente de la revue de quinzaine que publie l'*Estafette*, à l'arrivée de chaque courrier. J'ai reçu le livre que tu m'as envoyé : *Monsieur, Madame et Bébé*. Il m'a beaucoup amusé ; mais pas dans la partie dont tu me parlais. Ce qui a conquis mes suffrages et m'a rendu rêveur, c'est, tu le devines, le mariage et les premiers mois qui suivent.

Je ferai mon possible pour satisfaire ta manie de collectionneur de monnaies. Malheureusement, il n'y a rien de bien curieux ici, surtout en billon. Si tu m'avais averti plus tôt, je t'aurais mis de côté des monnaies de tous les États que j'ai parcourus et qui tous, tu le sais, ont une monnaie spéciale, bien que fondée sur les mêmes bases. On prétend, et c'est un peu mon avis, que ce qu'il y aura de plus rare bientôt, ce sont les pièces nouvelles à l'effigie de Maximilien. Enfin, j'agirai, pour le mieux, mais je ne te promets pas de billon,

car tout est si cher ici, qu'il ne nous en passe que
très peu entre les mains.. . . . .

Puebla, 28 octobre 1866.

Nous avons quitté Mexico le 16 de ce mois, mais
ne sommes arrivés ici qu'avant-hier, 25. On nous
a fait rester quelques jours à Puente de Tesmelucan, pour travailler à des fortifications destinées à protéger la ligne de retraite de notre
armée ! La situation devient, en effet, plus triste
tous les jours et il pourrait se faire que nous eus-
sions quelques coups de feu à tirer avant notre
embarquement.

Partout où nous ne sommes pas, les populations
se prononcent; les dissidents s'avancent et battent
Belges et Autrichiens. Ce que tout le monde désire,
c'est que les Mexicains s'enhardissent assez pour
nous donner une bonne occasion de remporter sur
eux un de ces éclatants succès qui nettoient une
situation, de manière à constater hautement que,
si nous nous en allons, c'est que nous le voulons bien
et que nous avons renoncé à venir en aide à des
gens qui ne veulent pas lever un doigt pour s'aider
eux-mêmes.

Pendant notre séjour à Puente de Tesmelucan,
nous avons rendu les honneurs à ce pauvre empereur Maximilien, qui se rendait à Orizaba. Il faisait

peine à voir et son voyage ressemblait à une fuite. Nous avons aussi vu passer, dans l'autre sens, le général Castelnau. Envoyé de l'Empereur, il est aussi, comme tu le sais peut-être, chef du personnel au ministère de la guerre; aussi s'est-il fait présenter les officiers du bataillon. Il nous a dit toute sorte de bonnes paroles et ne nous a pas ménagé l'eau bénite de cour. Je sais qu'il est très lié avec M. L... et avec B..., mais les circonstances ne me permettaient pas de lui en parler.

Avant de quitter Mexico, j'ai reçu le brevet et la croix de chevalier de Guadalupe. J'en parlais dans ma dernière lettre; j'avais même calomnié, je crois, le gouvernement de Maximilien, sur de faux renseignements; je lui fais ici amende honorable.

Je n'ai pas regretté Mexico. Tout ce brouhaha des grandes villes et des état-majors ne me convient pas. De plus, le climat de cette ville n'est pas sain ou du moins ne m'est pas favorable, puisque je ne m'y suis jamais bien porté et que je n'ai retrouvé ma belle santé d'habitude que depuis que j'en suis parti.

29 octobre.

Nous partons dans une heure pour une petite expédition. Dans quelle direction, pendant combien de jours? C'est ce que je ne puis te dire. Déjà hier nous en avions été menacés, mais le nuage n'avait

pas crevé. Je voulais te parler de Puebla qui est
une jolie ville, mais nous n'en jouirons jamais;
nous serons probablement plus souvent en route
que dedans.

Palmar, 7 novembre 1866.

Je ne suis pas trop en train d'écrire aujourd'hui,
mais comme je ne veux pas qu'un seul courrier
parte sans une lettre de moi, il me faut profiter
d'une occasion qui se présente, ne sachant pas où
je serai les jours qui vont suivre.

Les lettres que je reçois de vous ne parlent que
de retour! Hélas! quel contraste désagréable avec
la réalité des choses! Cela me fait craindre de plus
que, me croyant embarqué, vous ne jugiez plus à
propos de m'écrire ici et que je me trouve sans
nouvelles de vous, au moment où elles me seront le
plus nécessaires, pour me faire supporter la déception du retour.

Il se joue ici une étrange comédie et personne
ne comprend absolument rien à ce qui se passe.
Je disais dans ma dernière lettre à N... que nous
partions pour une petite expédition. Elle a été
insignifiante, mais nous ne sommes plus retournés
à Puebla. Comme nous n'avons emporté des effets
et des vivres que pour quelques jours, et qu'il
s'agit de rester quelque chose comme un mois

dehors, on a envoyé quelques hommes et quelques officiers à Puebla chercher le nécessaire. J'étais de ce nombre et j'ai ramassé deux compagnies de mon bataillon qu'on avait laissées dans cette ville.

On concentre des forces considérables de ce côté. Palmar est important, parce que c'est le nœud de bien des routes, entre Orizaba et Puebla. On semble craindre une attaque de Porfirio Diaz sur notre ligne de communication et on se garde militairement, comme aux premiers jours de la campagne. On prétend que si l'empereur Maximilien voulait remonter sur Mexico, on ne lui donnerait pas d'escorte, ce qui équivaut à l'en empêcher. Mais alors pourquoi avoir été l'autre jour dans un village qui venait de se prononcer contre l'empire et lui avoir imposé une amende de 2500 piastres?

Voilà bien une autre histoire : on reçoit ordre de protéger le passage du consul anglais, M. Scarlett, qui se rend à Vera-Cruz avec sa fille. Tous les postes de la route sont prévenus. Le consul voyage en diligence; sur l'impériale il y a trois soldats français. Miss Scarlett s'évanouit deux ou trois fois à la vue des soldats mexicains, nos alliés, que rien dans leur costume du reste ne distingue des autres. Arrivé à Palmar, on déjeune. Mais voilà qu'en sortant de table, on aperçoit, rangés en bataille sur la place, trois cents cavaliers de Rodriguez, notre allié d'hier, mais prononcé depuis quelques jours. A cette vue, nos trois soldats fran-

çais sautent sur leurs armes et se mettent en
défense. Tout beau! leur répond Rodriguez, j'ai
ordre *de mon président* de ne pas faire de mal aux
Français, je vais même vous donner un sauf-
conduit. Puis il s'avance vers M. et Miss Scarlett,
le chapeau bas, et leur offre la main pour monter
en voiture. Il leur donne aussi un sauf-conduit et,
fouette cocher, la diligence repart sans autre
dommage. Pendant ce temps, ce même jour, notre
colonne, à quatre lieues de là, levait l'amende dont
je parle plus haut, sur le village prononcé. Je
garantis la parfaite exactitude de cette histoire,
dont je regrette de n'avoir pas le temps de reproduire les ravissants et burlesques détails. Miss
Scarlett, tu penses, était plus morte que vive.
Arrivé à Orizaba, le consul reconnaissant envoya
une dépêche télégraphique à Rodriguez pour le
remercier. Pendant son séjour à Palmar, Rodriguez
avait fait couper les fils du télégraphe pour ne pas
être dérangé, mais il les fit réparer avant de
s'éloigner. Il dit aux habitants qu'il ne voulait pas
les faire prononcer, parce que, leur ville étant un
passage de troupes, cela pourrait leur attirer des
désagréments.

Ce même homme poursuit sans pitié les voleurs
et en a fait fusiller trois, qu'il a rencontrés pillant
un rancho.

Maintenant, dis-moi si nous pouvons comprendre
quelque chose à ce qui se passe. N'est-ce pas le
vrai cas de se demander : qui trompe-t-on ici?

Malheureusement toutes ces farces n'empêchent pas le sang de couler et chaque goutte répandue pour cette cause perdue, abandonnée et même ridiculisée, me paraît infiniment regrettable.

8 novembre.

.....Encore un peu de patience, je ne pense pas que notre séjour ici dépasse le mois de février ou de mars. Je me porte toujours parfaitement. J'ai reçu beaucoup de jolies lettres de côté et d'autre, auxquelles je n'ai pas encore répondu. Le premier jour où je me trouverai convenablement installé, je m'y mettrai, car il ne faut pas décourager ses correspondants.....

San Andres, 19 novembre 1866.

Nous sommes en expédition depuis le lendemain du jour où j'écrivais ma dernière lettre. Nous partons dans deux heures pour aller débloquer Perote et reprendre Jalapa.

Comme le pays que nous allons traverser est occupé par l'ennemi, je ne suis pas sûr que les lettres que nous écrirons plus tard arrivent à Vera-Cruz, aussi je profite de cette occasion pour te dire que je vais bien.

Perote, 24 novembre 1866.

J'ai écrit un mot à... avant de partir de San Andres, ne sachant pas comment les choses tourneraient à la suite de l'expédition que nous entreprenons. Perote a été débloqué sans peine : on s'attendait à une résistance qui n'a pas été opposée. Nous avons envoyé quatre obus qui ont suffi pour mettre l'ennemi en déroute.

Nous devions d'abord continuer notre route sur Jalapa qui a été rendu à l'ennemi par les Autrichiens, mais on semble avoir changé d'idée. On attend, du moins, de nouveaux ordres du maréchal. Personne ne comprend absolument rien à ce qui se passe. Les nouvelles changent du matin au soir et du soir au matin. On prétend que nous resterons organisés en colonne mobile jusqu'à notre embarquement. C'est fatigant, mais peut-être moins ennuyeux que de pourrir dans une ville, où nous ne pouvons plus avoir aucune espèce de relations.

Voici ce que nous avons fait depuis que nous avons quitté Palmar, le 9 novembre. Nous avons d'abord été à Téhuacan relever la garnison française qui s'y trouvait et y installer des Autrichiens. Nous retournions tranquillement d'où nous venions par une autre route, lorsque nous avons subitement reçu l'ordre de descendre les Cumbres et d'aller au secours de Jalapa par Orizaba et Huatusco. Grande joie dans la colonne, mais qui fut de courte durée. Dans la journée, nous apprenions la reddition de la ville et le lendemain nous rencontrions piteusement ces mêmes Cumbres. C'est alors qu'est arrivé ce nouvel ordre de nous rendre à Jalapa par Perote, ordre que nous avons déjà exécuté dans sa première partie et qu'on prétend avoir été rapporté dans sa deuxième. Personne ne met en doute, du reste, que, quand le maréchal nous envoya l'ordre de marcher sur Jalapa par la route du bas, il ne sût déjà parfaitement la reddition de la place. Il y avait longtemps, en effet, que l'on savait le danger que couraient ces malheureux Autrichiens. Le général Aymard, qui nous commande, demandait déjà, depuis plusieurs semaines, l'autorisation d'aller à leur secours et prédisait que, sans cela, Jalapa aurait le même sort qu'Oxxaca. Le maréchal ne voulait pas et nous employait à des opérations bien moins importantes. A mon sens, voilà le résumé de ce qui se fait au Mexique depuis quelque temps : incapacité ou canaillerie.

J'ai pu me convaincre dans cette dernière tournée que le Mexique est bien décidément le Mexique *où le sol tremble* de la chanson. Nous pouvions constater, en effet, dans tous les villages que nous traversions, les terribles ravages faits par deux tremblements de terre récents. Toutes les maisons étaient lézardées, sinon écroulées; les églises détruites, les dômes effondrés, les cloches abattues.

Comme nous naviguons constamment sous le pic d'Orizaba, qui est couvert de neige, nous souffrons pas mal du froid le soir et le matin. C'est un avant-goût de ce qui nous attend en rentrant en France.

. . . .

San Andres, 8 janvier 1867.

.... Nous sommes partis de Tehuacan, le 29 décembre, et avons été à Perote, chercher la garnison autrichienne enfermée dans le fort. L'ennemi, qui l'y assiégeait a, comme d'habitude, battu en retraite à notre approche ; nous avons détruit les munitions et quelques canons, que nos moyens de transport ne nous permettaient pas d'emmener et nous avons laissé le fort vide, à la disposition de la première, bande qui voudra bien l'occuper. Nous sommes arrivés ici aujourd'hui avec le reste des canons et le contingent autrichien qui, comme tu le sais, est dissous. Nous avons eu très froid et mangé beaucoup de poussière. Voilà tout ce qu'il y a à noter dans notre expédition.

Quant à moi, je ne puis absolument rien te dire pour le moment, si ce n'est que j'ai été proposé par mon commandant et que j'ai tout lieu de croire que je suis maintenu par mon général de division et par le maréchal. Tu pourras le savoir au ministère, ainsi que les mesures que l'on prendra pour fondre

le tableau du Mexique dans celui de France. Je
n'ai aucune chance de passer ici ; quant à celle que
je pourrais avoir d'être nommé en rentrant, tu en
es meilleur juge que moi, car cela dépend absolument de la volonté qu'aurait une personne très in-
fluente d'enlever la chose. Il ne s'agit pas d'avoir
une foule de petites protections, c'est plus nuisible
qu'utile pour les hauts grades : il faut en avoir
une ou deux ; mais qu'ils aient les reins solides et
qu'ils prennent votre affaire à cœur. Si, comme
j'ai tout lieu de le supposer, je ne suis pas nommé
dans le courant de cette année, il faudra, au clas-
sement de décembre, avoir le plus possible de ma-
réchaux dans sa manche afin d'obtenir un bon numéro. Tout est là.

Nous attendons avec impatience les navires qui
doivent nous ramener en France. Maximilien tient
toujours bon. Personne n'essaie même plus de
comprendre quelque chose à la politique mexi
caine. Malheureusement les désastres qu'elle produit crèvent les yeux. Le plus récent nous a
été bien sensible. Je vais te le raconter tel que, car
nous ne savons rien de bien positif quant aux détails. Le bataillon de Cazadorès qu'on avait laissé
à Guadalajara et qui avait été formé presque exclu-
sivement par mon bataillon a été surpris et complètement détruit. Il serait revenu trois hommes.
Tous ceux qui n'auraient pas été tués, auraient
été faits prisonniers et les officiers fusillés ensuite ! C'est affreux et cela juste au moment où
parvenait la dépêche de l'Empereur, les dispen-

sant des quatre années qu'ils s'étaient engagés de rester au Mexique. Mon prédécesseur, le commandant S..., aurait été fusillé et pendu ensuite. Le pauvre Tronchon était là. Quel a été son sort ? Une lettre, que j'ai lue aujourd'hui, prétend qu'il aurait été pris et fusillé. Si, comme cela n'est pas encore bien sûr, il a succombé, Dieu veuille qu'il ait trouvé la mort en combattant ! Pauvre garçon ! C'est lui que je plains le plus, car on l'avait fourré dans cette galère malgré lui, sous prétexte que cela lui serait avantageux. Le maréchal Bazaine est bien coupable ! Que va dire le malheureux père ? Qu'il croie toujours, au moins, que son fils est mort les armes à la main.

Un grand nombre de soldats et de sous-officiers de mon ancienne compagnie étaient rentrés dans ce corps de malheur ; heureusement pour ma conscience, je n'ai rien fait pour les y engager, car, dès le premier jour, j'avais une mauvaise opinion de cette formation aventureuse.

....En outre de la joie que la pensée de vous revoir me cause, j'ai hâte de quitter ce pays de sang et de finir cette guerre qui n'a été que trop souvent une guerre de sauvages ou de brigands. Plus de dangers, plus de morts et de blessés ? Mais respectons au moins les lois de la guerre, de la civilisation et de l'humanité ! Il est vrai que dans ce chien de pays on ne sait jamais où finit le brigand et où commence le soldat. Allons ! j'ai sommeil, bonsoir.

San Andres, 27 janvier 1867.

Avant tout, je veux m'empresser de rectifier une nouvelle que je donnais à A..... dans ma dernière lettre, et qui, heureusement, s'est trouvée fausse; les officiers du bataillon de Cazadorès de Guadalajara, qui ont été faits prisonniers, n'ont pas été fusillés; ils sont, ainsi que les soldats, parfaitement traités dans cette ville. Il y a quatre-vingt-neuf prisonniers, dont huit officiers. La moitié sont blessés. D'après cela, il y aurait eu environ cent français de tués dans le combat; quant aux mexicains, au nombre de quatre cents, ils auraient laché pied au premier coup de fusil. Malheureusement, cela ne me donne que bien peu d'espoir que Tronchon soit en vie; mais c'est déjà beaucoup de savoir qu'il n'a pas été fusillé, n'est-il pas vrai?

Du reste, je ne donne pas ces nouvelles comme certaines. Nous ne savons absolument rien d'offi ciel, quoique l'affaire se soit passée le 18 décembre La première version, malgré tout ce qu'elle avait d'horrible, pouvait être au-dessous de la vérité parce que le chef mexicain vainqueur, Eulogio Parra, une de nos anciennes connaissances du Sinaloa, nous rappelait les pendaisons et les massacres de cette époque, envers tout Français tombé entre ses mains.

Mais il parait que l'on change de mains en chan-
geant de climat, Dieu en soit loué!.....

..... Tout est fini, je pense, au Mexique, et l'on
ne songe plus maintenant qu'à l'évacuation.

Comme je le disais dans ma dernière lettre, nous
sommes partis le 10 pour la Cânuda où nous sommes
restés jusqu'au 19. Pendant ce temps, nous avons
vu défiler tous les Autrichiens et les Belges, dont
un nombre très minime a consenti à rester au
service de Maximilien. Ils se sont embarqués, ainsi
que quelques hommes et troupes qui se trouvaient
à Orizaba. On peut donc dire que l'évacuation est
commencée. Le séjour de la Cânuda était quelque
chose d'affreux. C'est un trou odieux, où il règne,
en tout temps, une poussière épouvantable.

Juge de ce que ce devait être, lorsque, tous les
jours, il y passait des convois de trois ou quatre
cents voitures, et que trois ou quatre mille mules
traversaient deux fois par jour les rues pour aller
boire. Nos hommes étaient campés, et, comme ils
n'ont rien pour se couvrir, et que la Cânuda est
très froide, les maux de gorge les avaient envahis.

Nous étions logés, avec mon commandant et
l'officier payeur, dans une turne infecte : je tuais
tous les matins deux ou trois punaises dans mon
lit. Il faisait froid heureusement et elles ne pi-
quaient pas. Enfin on a permis au général de
laisser quelques compagnies à la Cânuda et nous
sommes venus nous installer ici, sur le flanc de la
route, où nous attendrons, relativement très bien,

16

notre tour d'embarquement. En arrivant, j'ai fait visiter mon lit : mon ordonnance a tué trente-deux punaises ! Nous ne savons absolument rien sur l'époque de notre départ : cependant je pense que février ne s'achevera pas sans que nous soyons embarqués ! Je ne puis rien te dire non plus sur l'Empereur et ses projets. Les journaux en savent plus long que moi. Tout ce que je puis t'affirmer c'est que personne, sauf les gens du parti ultra-conservateur, ne croit à la possibilité du maintien de l'Empire, plus d'un mois après l'évacuation de Mexico par les français. Tout le monde s'accorde à trouver que Maximilien joue un triste rôle, depuis quelque temps. Ce n'est plus un chef de nation, mais bien un mannequin pour un parti. Les plus mauvais jours du Mexique sont revenus : la levée se fait sur une grande échelle, malgré les promesses formelles du statut d'avènement. Tu sais ce que c'est : on prend de force des gens *pauvres* dans les rues et dans les champs et on s'imagine qu'on a des soldats. J'en ai vu passer l'autre jour ici, c'était navrant.

Bien que la France ne soit plus pour rien dans tout cela, j'ai hâte que son drapeau ne soit plus témoin de ces turpitudes. . . . .

San Andres, 9 février 1867.

Que deviendrais-je sans toi ? Il n'y a que toi qui m'écrive, les autres continuent à garder le silence le plus obstiné. Après tout, c'est ma faute : pourquoi ne suis-je pas revenu, après avoir annoncé mon retour à grand bruit ?

Ce sont là des choses que l'on ne fait pas. J'aurais cependant eu, tous ces temps derniers, plus que jamais besoin d'entendre quelques paroles amies et encourageantes, car je te promets que l'existence me paraissait parfois bien triste. Heureusement que nous voici bientôt au bout.

Mexico est évacué depuis le 5. On n'a pas de nouvelles des tranports, mais il doit déjà en être arrivé quelques uns et les autres suivront de près. Je ne sais pas quel sera notre numéro d'embarquement. Ce qu'il y a de très probable, c'est que nous ne descendrons des plateaux sur Orizaba que les derniers, car notre position nous appelle à protéger la descente des Cumbres. Mais une fois l'armée entre Orizaba et Paso del Macho, rien n'empêche que nous passions devant les autres, si nous sommes désignés pour embarquer avant eux.

Nous sommes aussi bien que possible à San Andres, pour attendre cet embarquement tant désiré.

Notre vie ne peut plus être au Mexique que très monotone. Je suis très heureux de me trouver loin de tous ceux que j'ai pu connaître dans ce. pays, pour ne pas entendre leurs plaintes et être témoin de leur consternation. Jamais entreprise n'a été plus manquée que la nôtre, et j'en serais honteux, si je n'avais pas la conscience que l'armée a fait tout ce qu'elle pouvait faire, qu'elle a donné le meilleur exemple et qu'elle a fait jouir de la paix et de la prospérité les plus profondes, les localités qu'elle a occupées.

On s'en souviendra longtemps ; et nous serons plus d'une fois regrettés, même par ceux qui ne nous ont pas aimés, lorsque ce malheureux pays sera de nouveau livré à l'anarchie et aux désordres qui l'attendent, et que les vengeances sanglantes auront repris leur cours habituel. Si l'influence française n'est pas perdue à jamais dans le Mexique, la France pourra dire que son gouvernement et le commandant en chef de l'armée avaient fait tout leur possible pour que cela fût, mais que ce sont les vertus militaires, la discipline, la bonhomie de ses soldats qui l'ont maintenue.

Je n'ai aucune nouvelle de Tronchon. Tout ce que je puis dire, c'est qu'il était à l'arrière-garde le jour du combat, que cette arrière-garde a été enveloppée aussi par l'ennemi et qu'on ne sait pas ce qu'elle est devenue. Comme je connais Tronchon, je ne doute pas qu'il ne se soit fait tuer bravement, en essayant d'enlever sa troupe. C'est égal, cette incertitude est quelque chose d'affreux pour la famille de ce brave et digne garçon, que j'aurais été si heureux de voir revenir en France, avec une épaulette si bien gagnée ! Nous avons faire dire ici une messe pour le repos de l'âme de nos pauvres camarades. Nous faisons écrire au consul d'Espagne à Guadalajara pour le prier de faire élever, si cela est possible, un petit monument à leur mémoire. . .

Potuso, 25 février 1867..

Cette fois, j'espère bien que voilà la dernière lettre que j'écrirai du Mexique !...

Nous avons quitté San Andres inopinément, le 14 février, et nous nous dirigeons doucement vers la Vera-Cruz. Je garde pour la conversation toutes les impressions que cette retraite réveille en moi : qu'il te suffise de savoir, pour le moment, que, sous le rapport militaire, elle est digne et calme, et qu'il est facile de voir que nous ne nous en allons que parce que nous le voulons bien et qu'il nous serait aussi facile de faire, une seconde fois la conquête du pays sans plus de résultats par exemple, et, avec les Etats-Unis sur le dos, par dessus le marché.

En passant à Orizaba, j'ai su positivement que je

suis sur le tableau d'avancement. J'ai le numéro 27 sur 37 et il y en a déjà trois de passés. Je ne pense pas que ces numéros, au Mexique, signifient grand chose. Il paraît que l'on ne classe pas chaque année comme en France, et qu'on se contente d'ajouter à la gauche les proposés récents et d'effacer ceux qui sont nommés. En voici une preuve : le capitaine qui marche immédiatement après moi au bataillon, M..., a été proposé, il y a trois ans, pour fait de guerre. Depuis ce temps, il n'a pas cessé de figurer au tableau et d'y avancer, sans qu'il eût jamais été proposé à aucune inspection générale. Longtemps même, il n'en a jamais rien sur et le commandant non plus. Cette année, le commandant l'a proposé après moi, et le général de division ne l'a pas maintenu à cause de son âge (il va avoir quarante-six ans). Cependant M... figure encore au tableau et a le numéro 12. Il est plus que probable qu'il ne sera plus porté en France, l'année prochaine, s'il ne passe pas d'ici-là. . . . .

Saint-Nazaire, 25 mars 1867.

....Nous nous sommes embarqués le 27 février sur le paquebot *Vera-Cruz*. Nous avons essuyé une tempête à la hauteur des Açores. Notre hélice s'est cassée et a mis pendant vingt-quatre heures notre navire en danger de couler par suite des chocs sur la coque, à l'arrière. Nous sommes heureusement parvenus à nous en débarrasser et à la faire tomber à la mer. Nous avons terminé notre voyage à la voile et nous voici arrivés, Dieu soit loué ! après une traversée en somme fort courte et forte heureuse, sans relâche aucune. J'attends une lettre de toi avec une grande impatience.....

.....Une fois à Toulouse, je prendrai de suite une permission ou un congé. Il faut donc songer aux moyens de nous voir et de nous réunir, si cela est possible. A bientôt donc ! Quelle douce parole, quand cela signifie quelques jours. . . . . . .

FIN

IMPRIMERIE PAIRAULT & Cie — 3, passage Nollet, 3 — PARIS